Legend Of
Business Empire

商国演义

一本 ◎著

台海出版社

图书在版编目（CIP）数据

商国演义 / 一本著 . -- 北京 : 台海出版社，
2022.5

　ISBN 978-7-5168-3282-0

　Ⅰ . ①商… Ⅱ . ①一… Ⅲ . ①企业管理 Ⅳ .
① F272

中国版本图书馆 CIP 数据核字（2022）第 062044 号

商国演义

著　　者：一　本

出 版 人：蔡　旭　　　　　　　　封面设计：张合涛

责任编辑：王　艳

出版发行：台海出版社

地　　址：北京市东城区景山东街 20 号　　　邮政编码：100009

电　　话：010-64041652（发行，邮购）

传　　真：010-84045799（总编室）

网　　址：www.taimeng.org.cn/thcbs/default.htm

E - m a i l：thcbs@126.com

经　　销：全国各地新华书店

印　　刷：环球东方（北京）印务有限公司

本书如有破损、缺页、装订错误，请与本社联系调换

开　　本：880 毫米 ×1230 毫米　　　　1/32

字　　数：221 千字　　　　　　　　印　　张：8.5

版　　次：2022 年 5 月第 1 版　　　印　　次：2022 年 5 月第 1 次印刷

书　　号：ISBN 978-7-5168-3282-0

定　　价：68.00 元

推荐序一

　　赵勇先生为吾挚友，平生无恶习，酷爱读书，乐于研究，热衷交流与分享，深耕商业咨询多年，有颇多的发现和积累，经过多人、多次的整理和编校，本书终于问世，甚感不易和欣慰。

　　读者从中可以感受到作者博大的胸怀，可以了解中国商业的发生和发展。作者把老板的创业历程和重要阶段融入自然发展规律中，既精到又生动，值得深读。

　　本书所呈现出来的商业范畴相当全面，上至商界翘楚，下至创业大众，无不包含在内。诚然，过去经济学家论中国商业发展，多从精英观点发挥，以致不易为创业大众所理解。今赵勇先生新著特别关注到普通民众，从爬、走、跑、飞四个阶段，全面阐述了企业从弱小到强大的过程，别开生面，也成为本书一大特色。

　　本书中，作者不仅揭示了中国企业成长之道，还揭示了中国企业家成长之进阶路径；不仅遍引中外经典以及古典文学等为论证的出发点，还往往先作哲学讨论，然后归于民间的一般认知，正可谓大道至简。本书重要的社会贡献，可以概括为以下两项。

一、宏微交互

作者将中国的商业环境看作是一种多元互动的状况，从不同层面和角度分别观察和研究它的表现，从谋局，到兵法，再到卓越，把规律性的宏观事物，融入微观的案例和故事情节之中，可谓呈现得淋漓尽致。但局部的微观不但没有使作者轻忽整体的宏观，而且更凸显出整体与局部之间以及各局部之间的内在联系，所以我称之为宏观与微观的交互为用，既致广大又尽精微。

二、雅俗共赏

商国演义与三国演义，语音接近，似有古为今用之风，前面讲精英观点与大众观点的兼收并蓄，其实已涉及雅俗共赏的范围，这似乎也是本书作者的初衷和基本立场。想要让更多从商之人从本源出发，遵循规律，少走弯路，进而呼唤出灵魂深处的使命与价值观，而不仅仅是去逐利，能够让人拥有利润之上的追求，这个信息贯穿全书各章。最使我惊异的是：作者可以从现象到本质，再回归到现象，纵论宇宙变化，从局内到局外，再从局外回到局内。

总而言之，赵勇先生好学深思，遍涉商业、哲学、人文等社会诸学科。写此书时，他将广博的知识融会贯通，纳入一种由深思熟虑得来的分析系统之中，不仅如此，他还广泛参考了现代商业的相关论著。本书并非闭门造车，而是去芜存菁的结晶，书中所揭示的种种商业现象和系统之规律，我相信会引发绝大多数读者的认知共鸣。但作者的终极判断却非从折中他人之见而来，而是建立在客观论证之上，这是本书与众不同之所在。

作为一部现代经管类书籍，本书体现了现代商业研究的极致，但作者的用心绝不仅于此。他认定中国商业之沿革，始终以人为主体，人与自然也融合互依。因此，他希望通过中国企业家的成长与觉醒，发挥时代的担当与使命，以遵循天道为本，匡世救人为衷，通过此书表达了一位当代仁者悲天悯人的呼声。

　　君子之为学，以明道也，以救世也。此书恰恰是一部"明道"之作，同时又是一部"救世"之作，我郑重地推荐此书给广大读者。

关天皓

2020 年 4 月 28 日

Over the last few decades, China has become an economic giant in the world with few rivals.

过去几十年以来，中国已经成为世界经济强国，鲜有对手。

But, in the past, China and the West had developed their mining technologies along different paths resulting in different levels of knowledge and expertise and a different management cultures .

但是，中国和西方过去都在沿着各自的途径，发展自己的矿业技术，形成了各自不同的知识、技术和经营管理文化。

There is little doubt that the sharing of these technologies and knowledge would be of great benefit to everyone in the world.

毋庸置疑，共同分享这些知识和技术，将造福全世界。

By reading the book by Teacher Zhao, it will provide people with a much better understanding of the way in which Chinese companies do business and how their business systems and culture operate.

赵老师的这本书——《商国演义》，可以帮助你更好地了解中国公司做生意的方式，中国的商业系统和文化是如何运作的。

It contains the wisdom required for companies of different cultures to use to improve the trust and cooperation between themselves to their mutual benefit and should be read by anyone interested in learning how to work cooperatively with Chinese companies.

不同文化下不同公司需要运用的商业智慧，可以通过阅读本书汲取，并有益于改进彼此的信任和合作，互惠互利。任何有兴趣学习如何和中国公司合作的外国人，也会开卷有益。

——美国浮选技术有限公司总裁，哈佛大学管理学硕士、加拿大多伦多大学矿物加工系学士

Frank R.Cappuccitti

弗兰克·卡普西帝

诗曰：

瓶颈难突破，诱惑难抉择。

明日黄花远，资源难把握。

有劲使不上，调整没效果。

画饼难充饥，转型没着落。

一、巨变就在眼前，君当如何应对

时光荏苒，岁月如梭！世界进入了 21 世纪，经济发展进入新常态，实体企业更是面临前所未有的挑战。一首打油诗道不尽企业面临的危机。

（一）瓶颈难突破

我的一个学员曾对我说：过去我的企业只有十几人，一年营业额 3000 多万元。那时感觉很舒服，今年买辆车，明年换套房，似乎赚钱并不难！现在一年营业额 7000 万，员工 80 多人，年底一算账，竟然发现不赚钱了！

其实，这正是企业遭遇瓶颈的一种典型表现，另一种典型表现是连续 3 年营业额上下变化不大。

（二）诱惑难抉择

面对瓶颈，当然想要突破。可举目四望，方法没找到，诱惑一大堆。互联网＋、区块链、物联网、工业 4.0、人工智能、资本运作、顶层设计、股权激励、全返模式、分享经济……凡此种种，不一而足。听谁的似乎都有道理，瞬间感到危机重重，似乎再不改变，分分钟就会被时代抛得远远的。可真导入企业，却发现根本不是那么回事！

（三）明日黄花远

遥想"公瑾"当年，也曾羽扇纶巾，谈笑间，樯橹灰飞烟灭。往事不堪回首，只剩下一声叹息，辉煌不再了！

（四）资源难把握

细思细想，总觉得自己资源不够，于是拼命"混圈子"。今天这个商协会，明天那个朋友圈，今天与这个吃饭，明天跟那个合影。最终发现，真到了较劲之时，谁也指望不上！

（五）有劲使不上

也想扎扎实实练好企业内功，但总感觉如隔靴搔痒，找不到着力点！

（六）调整没效果

曾有一名企业家学员向我抱怨：过去发现业绩不佳，搞一场团队训练就能好一段时间，或者做一次大促销也能看到效果，实在不行搞个激励政策，业绩增长也很明显，现在似乎所有招数都不灵了！

（七）画饼难充饥

于是，学猪找风口，希望自己也能飞上天。可发现这个模式、那个方法，多半是炒概念的，真正落地，自己都越说越没底气。毕竟，这个世界的运作还是有规则的，一个基本规则就是，假的永远真不了！

（八）转型没着落

然而，真要系统去调整一家企业谈何容易。感觉自己就像荆州的刘备，手里的一亩三分地总有人惦记。想要进取西川，前途渺茫，手上连一份地图都没有，进军蜀地岂不是死路一条？

读者朋友，读到这里是不是有些"躺枪"的感觉呢？

不是我不明白，这世界变化快！重听崔健多年前的这首歌，有些一语成谶之感。

这个世界永远处于变化中，所以"应变"就是人类永恒的主题。问题是：这个世界不仅在变化，还在加速变化。当世界变化的速度超越了人类的应变速度时，人类会怎样？会被另一种应变更快的物种取代吗？比如人工智能？还是会在忙碌、纠结、浮躁中迷失本性？抑或这恰恰是人类回归的契机？

二、狐狸时代已近末路，刺猬时代即将来临

在柯林斯的畅销书《从优秀到卓越》中，引用了一则古希腊的寓言——《狐狸与刺猬》，这个典故出自古希腊诗人阿齐罗库斯。

狐狸有千条妙计，刺猬有一定之规。

狐狸是一种狡猾的动物，能够设计无数复杂的策略偷偷向刺猬发动进攻。狐狸从早到晚在刺猬的巢穴四周徘徊，等待最佳袭击时间。狐狸行动迅速，皮毛光滑，脚步飞快，阴险狡猾，看上去准是赢家。刺猬毫不起眼，遗传基因上就像豪猪和犰狳的杂交品种，它走起路来一摇一摆，整天到处走动，寻觅食物和照料它的家。狐狸在小路的岔口不动声色地等待着。刺猬只想着自己的事情，一不留神转到狐狸所在的小道上。"啊，我抓住你啦！"狐狸暗自想着，向前扑去。刺猬意识到了危险，抬起头想："我们真是冤家路窄，它就不能吸取教训吗？"于是，立刻蜷缩成一个圆球，浑身的尖刺指向四面八方。狐狸正向它的猎物扑过去，看见刺猬的防御只好停止进攻。

撤回森林后，狐狸开始策划新一轮的进攻。于是，狐狸和刺猬之间

的战斗每天都以不同的形式发生,结果总是狐狸屡败屡战,刺猬屡战屡胜。

以赛亚·伯林从这则寓言中得到启发,他认为:狐狸的思维是"凌乱或是扩散的,在很多层次上发展",从来没有使它们的思想集中成为一个总体理论或统一观点。

而刺猬相信,在纷繁复杂的表象之下,有一个亘古不变的基本规律,这个规律影响着整个世界。不管世界多么复杂,刺猬都会把所有的挑战和进退维谷的局面压缩成简单的"刺猬理念"。

刺猬理念强调深刻思想的本质是简单,而这也是将那些卓越的人与他们同样聪明的人区分开的原因。弗洛伊德之于潜意识,达尔文之于自然选择,马克思之于阶级斗争,爱因斯坦之于相对论,亚当·斯密之于劳动分工……正是这些拥有刺猬本质的人,将复杂的事件简化了,才使我们更加接近自我和这个世界的真相。

应对变化也有两种思维:狐狸思维的焦点是寻找最有利的突破点,于是风口成了所有狐狸和猪的神话。如果说狐狸作为风口的主动寻找者,在某些方面还存在令人敬佩的积极意义,那么猪的可悲之处则在于只想不劳而获,跟着狐狸上天。可是,所有的猪都忘了一件重要的事,风早晚会停的。随着这个世界变化速度的加快,云卷云舒、潮起潮落会成为一种常态。如果狐狸的应变足够快,它生存下来的唯一希望是,风停之前生出翅膀,完成鲲鹏巨变。而等待猪的就只有一种命运,在风停时重重地摔在地上,成为生出翅膀的狐狸们的美餐。

刺猬思维在应变上则比狐狸思维淡定得多,它们的焦点是亘古不变的本质。它们知道再复杂的变化也是从最简单的本质衍生出的,只要遵循这一简单的本质,就能成为最终的赢家。正如水的本质是清澈透明,即便此刻狂风乍起,翻起泥沙无数。狐狸争先恐后在风口浪尖浑水摸鱼,刺猬还是会选择做好当下的事,做一个清澈透明的自己,即便这一刻它们显得与现实多么格格不入。刺猬明白一个道理,出来混总是要还的,只有当潮水退去的时候,才知道谁没穿裤衩站在沙滩上。

那么,建立刺猬理念的关键是什么呢?

三、万变不离其宗

刺猬并不蠢，刺猬注重本质而忽略其他，这就需要刺猬拥有穿透性的洞察力，能够看透复杂事物并且识别隐藏的模式。

值得一提的是，并不是坚守着某一原则或者专精于某一领域的人就是刺猬。否则，我们就会把固执己见当作刺猬理念。刺猬必须具备一项本事，就是在纷繁复杂的表象中，发现那个亘古不变的本质。换言之，刺猬坚守的必须是那个"万变"中不变的"宗"。

我们经常说这个世界永远不变的是变化，这个并不是宗，因为"变化"只是一种现象。我们通过量子物理的研究发现，一个微观粒子的某些物理量，不可能同时具有确定的数值，其中一个量越确定，另一个量的不确定程度就越大，从而提出不确定性原理，这就贴近了本质。然后，从哲学角度提出假说，我们生活在一个无常的世界，这个世界是一个概率的世界，所有物质没有恒常的属性。这样，就接近对世界本质的研究了。

本书中，我们不去讨论这个世界的本质，我们要讨论的是企业和企业家有没有一套成长的规律和本质的原则。

我们的答案是肯定的，这就是本书将向你展示的"企业成长与企业家成长地图"，它较为系统和完整地诠释了企业在不同发展阶段工作的重点，以及相对应的企业家自我成长的历程，试图帮助你找到些许规律，应对纷繁复杂的变化。我们试图把企业成长与企业家成长的规律变成一张"地图"，让你清晰地看到：你在哪里，想要去哪里，以及如何去到。进而发现企业"万变"背后不变的"宗"，这就是撰写此书的目的。

本书分为三篇九章。

第一篇：谋局篇。包括前三章，展示地图总框架和经纬度。第一章可以看作是全书的导读，讲述了企业成长的四个阶段，以及每个阶段企业的任务和企业家的思维基点。第二章讨论企业成长的四个基本驱动要素。第三章探寻企业家成长是如何影响企业成果的逻辑规律。本篇是全书的理论框架与理论体系，对理论研究不感兴趣的读者可以直接跳过。

第二篇：兵法篇。包括第四章到第七章，揭示企业与企业家成长不同阶段的工作重点与成长规律。这四章写作结构基本类似，通过案例，分别揭示企业在爬、走、跑、飞四个阶段中基本驱动要素的工作重点和每个阶段各自的系统建设重点，以及不同阶段企业家个人成长的心智力要点和这项心智力是如何炼成的，又是如何影响企业的。本篇采自我们辅导企业的实践案例总结，包含了部分具体的操作方法，具有较强的实践工作指导性。

第三篇：卓越篇。包括第八章与第九章。第八章侧重企业每个发展阶段面临的陷阱，是企业失败规律的研究总结。同时，探索商业的本质规律，以寻求企业基业长青之道。第九章是全书的总结，同时把企业成长与企业家的个人修为联系起来，提出"企业是企业家修行道场"的观点，从宇宙观思维拉升企业家的视角，为企业家个人成长提出了新课题。本篇是对全书的总结与升华，对企业家个人的成长与修行比较感兴趣的读者，会产生强烈的共鸣。

为方便读者阅读，一些章里除正文外我们还添加了"补充阅读"、"本章精髓"板块。"补充阅读"有的来自作者对他人书籍或文章的解读，有的来自作者其他文章的节选，以取他山之石可以攻玉之效。"本章精髓"是每一章干货的归纳与总结，有助于读者更加清晰地记忆和理解本章的重点内容。

另外，在上文中引用了柯林斯《从优秀到卓越》中的一段话，在此特向读者推荐此书。

柯林斯和他的研究小组历时 5 年，对 1965 年以来《财富》杂志历年 500 强排名中的每一家公司（共 1400 多家）进行了研究。阅读并系统整理了 6000 篇文章，记录了 2000 多页的专访内容，创建了 3.84 亿字节的电脑数据，收集了 28 家公司过去 50 年，甚至更早的所有文章，进行了大范围的定性和定量分析，得出了如何使公司从优秀到卓越的令人惊异振奋的答案。

柯林斯将 11 家实现了从优秀业绩到卓越业绩跨越的公司与那些实

现跨越但并不能持久的公司和未能实现跨越的公司进行对照，分析实现这一跨越的内在机制。以下分享一部分发人深思的研究结论，作为本书的补充。

● 从公司之外请来的被奉若神明的名人做领导，往往对公司从优秀到卓越的跨越过程起消极作用。

● 经理人的薪酬结构跟推动公司经营业绩无关。

● 实现跨越的公司在制定长期战略上花的时间并不比别的公司更多。

● 技术以及技术推动的变革，实际上并不能激发从优秀到卓越的跨越。

● 合并和收购在推动公司跨越过程中并没有起到任何作用。

● 实现跨越的公司不刻意创造转变、激励员工或是营造公司上下一致的气氛。

● 革命性的跨越，不一定需要革命性的过程。

● 实现跨越的公司从事的并非是景气行业，有的甚至是处境很糟的行业。

● 卓越并非环境的产物，在很大程度上，它是一种慎重决策的结果。

第三篇 卓越篇

第一篇　谋局篇

夫未战而庙算胜者，得算多也；未战而庙算不胜者，得算少也。多算胜，少算不胜，而况于无算乎？吾以此观之，胜负见矣。

第一章

企业成长，谁献地图；生命周期，何为基点

　　本章从企业生命周期理论的研究入手，参考其他企业成长规律的研究成果，提出我们自己的企业成长发展的规律，并对每一阶段的企业任务与企业家思维基点，提出我们自己的独特主张。

第一节　企业成长需要地图

话说当年刘备欲进取西川，奈何蜀道难，难于上青天。就在这时，一个戏剧性人物出现了。此人名叫张松，系东汉末年益州牧刘璋的部下，官至益州别驾。张松长得额镬头尖，鼻偃齿露，身材矮小，不满五尺，形象丑陋。然而，他声若铜钟，很有才干，颇有计谋。

《隆中对》有言：民殷国富而不知存恤，智能之士思得明君。张松便是益州能人志士的代表人物，为了实现建功立业的远大抱负，他趁受命出使曹营之机，准备联络曹操来治理蜀中，便带了随从、礼品以及一份特殊礼物——益州地图，到了许都。

据说这份地图，地理行程、远近阔狭、山川险要、府库钱粮，一一俱载明白。在当时来说，是一份极为难得的军事情报。

只可惜，当时的曹操刚经过赤壁惨败，在西凉打败马超和韩遂后，其战线也在抓紧收拢，其主要兵力部署，全放在东南方向。至于益州的刘璋、汉中的张鲁，在曹操的整体布局上，都不是战略重点，更无力再分兵去攻打益州。为了不让张松看出自己此时军力和战力的外强中干，他一方面扬言要进取西川，另一方面借故将张松乱棍赶走。

张松受了曹操的气，加上在刘璋处夸下海口，无法交差，于是决定另投他人，想去探探刘备方面的虚实。张松的境遇很快被刘备得知，先差赵云到襄阳迎候，又嘱关羽在秦楚古道湖北荆门境内的掇刀石大营盛情款待，并医治好了张松的顽疾，刘备还举行了隆重仪式，亲率全体官员出城相迎。由此，引出了一段三国中脍炙人口的故事——张松献图。

中国自改革开放以来，历经30年的快速发展，一众企业迅速成长，又经近10年巨变调整，企业的生衰周期极速轮转，上演了一幕幕如酒如歌、如泣如诉的企业成长与企业家成长史。

如果我们将今日之市场定义为商业战场，那么众多商战中的企业，必将需要一张指引方向的"地图"，以期知己知彼，百战不殆。地图的真正作用是：让你知道自己在哪里，要到哪里去，以及如何去。那么，怎样才能绘制这样一份关乎企业成败的重要地图呢？

既然是地图，就有经纬度。定经纬，就定下了地图的框架。我们把企业与企业家成长各个阶段，定义为纬度，把企业与企业家成长至关重要的基本问题，定义为经度，一张有关在不同发展阶段的企业，应做好哪些关键事情，又要关注哪些自我成长的地图，就呈现在眼前了，经天纬地定江山就由此拉开了序幕（见下图）。

第二节　企业生命周期理论的研究

谈到企业的成长阶段，就一定要谈企业的生命周期理论。美国人伊查克·爱迪思用20多年的时间研究企业如何发展、老化和衰亡。在著作《企业生命周期》中，他系统阐述了这一成果。

《企业生命周期》是一本关于企业生命周期的理论和引导企业变革规则的书，它能够帮我们区分企业中正常和不正常的问题，并通过恰当的干预把企业引向鼎盛状态。它解释了企业为什么会成长、老化和死亡，以及在这些不同的阶段企业应采取的应变之策，描述和分析了企业在成长过程中通常会选择的路径，以及为了避免成长和老化过程中的典型问题应该选择的最佳路径。一旦更好地理解了导致企业成长和老化的这些要素之间的相互作用，我们就能够加速企业通向全盛的过程，而且能够让企业更久地保持在这一阶段。所以这本书给企业提供了导航。

这与本书的基本立意是一致的。本书正是在企业生命周期理论的基础上的拓展与发扬。在此总结《企业生命周期》的研究成果，既具有理解本书的现实意义，也是我们对前辈的致敬。下面我们就从三个不同的角度，诠释一下企业生命周期理论带给我们的启示。

第一个启示：问题本身不是问题，比解决问题更重要的是，你必须清晰，在企业成长的不同阶段，这个问题是否正常

如果有个人每天在地上乱爬乱打乱闹，没事就流鼻涕，动不动就瞎嚷嚷，你觉得他是不是个精神病人？可能有人说是，有人说不是。加一个前提，如果这个人只有 1 岁，你肯定不会认为他是精神病，但如果这个人 30 岁，那他可能就不太正常。这里面讲了一个最根本的道理：没有不存在问题的企业，但你要分析在这个阶段企业出现的问题是正常问题还是病态问题。

因此，懂得在哪一个发展阶段什么样的问题是正常的，是处理问题最大的智慧。

爱迪思在企业生命周期理论中把一个企业比喻成人，拥有完整的生命周期，分为十个阶段，即孕育期、婴儿期、学步期、青春期、壮年期、稳定期、贵族期、官僚早期、官僚期、死亡。这就给分析企业面临的问题是否正常，提供了一个形象的思维框架。这正是企业生命周期理论给我们的第一个重大启示。

这一思维框架，富有生命的气息与哲思，耐人寻味。在这方面，我们沿袭了这一思维方式。

第二个启示：引入了企业成长的驱动因素

爱迪思将这种驱动因素概括为四个方面：PAEI。我们既可以从企业家的角度（即人的角度），又可以从企业的角度（即事的角度），去诠释这四大驱动因素。从角色的角度，我们可以将四大因素诠释为：P（业绩创造者）、A（行政管理者）、E（企业家）、I（整合者）。从职能的角度，我们可以诠释为：P（执行力）、A（制定流程和清晰的职责考核）、E（创新创业精神）和 I（整合资源）。这四大驱动因素在不同阶段产生不同的影响，构成了不同的问题和价值。爱迪思用字母的大小写来区分四大因素在企业生命周期不同阶段的重要性。大写意指在某个阶段这个要素的重要性高，小写意指重要性低。如图所示。

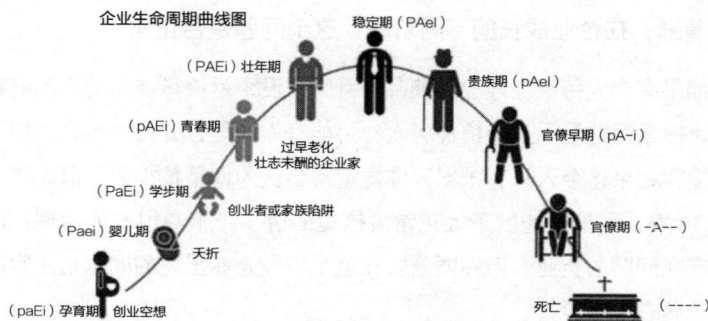

企业生命周期曲线图

（PAEi）壮年期　　　稳定期（PAei）

（pAEi）青春期　　　　　　　贵族期（pAei）

过早老化　　　　　　　　　官僚早期（pA-i）
壮志未酬的企业家

（PaEi）学步期

（Paei）婴儿期　　创业者或家族陷阱　　官僚期（-A--）

天折

（paEi）孕育期　创业空想　　　　　死亡　　（----）

例如：在孕育期，"PAEI"这四个要素中，"E"的作用最突出，所以"E"大写，其他字母小写，表示为"paEi"。为什么这么说呢？我们身边有很多想创业的人，但真正创业的人只占百分之几。这就是由E创业精神决定的。

当然，随之而来的一个问题是：这个创业精神E是如何影响企业度过孕育期的，具体又需要做哪些关键的事？为什么想创业的人很多，真正做到的人只占少数？他们之间又有什么不同？创业成功的人到底做对了什么？这些问题都是本书要解答的困惑。随着后面章节的展开，我们会陆续揭晓答案。

再例如：进入学步期，"PAEI"这四个要素中，"P"和"E"的作用最突出，所以"P"和"E"两个字母大写，而其他字母小写，表示为"PaEi"。学步期的小孩总是跌跌撞撞，犯错，爬起来，再犯错，再爬起来。对于企业来说，学步期的关键是什么呢？就是试错。你突然发现原来很多设想都是行不通的。这时候就是创始人不断试错的时候，而此时的企业家需要做的，就是让团队和你一起反复这个过程。这个过程是很难事先规划好的，所以执行与创业精神在这一阶段至为重要。

而在哪试错？要试出什么才算成功？成功的标准如何界定？这些又是需要我们进一步回答的问题。在这里我们可以先帮各位读者明确一个答案，后面再行展开。其实这里的试错，就是企业建立盈利模式的过程。

关于企业成长驱动因素的研究由来已久，可以说企业生命周期理论已经是之前企业成长驱动因素研究的升华（这方面我们将在下一节详述），但我们还是发现，对这一部分的研究仍有很多可以深入之处，毕竟企业成长有太多的影响因素，既包括人又包括事。事要从根源上认识，人要考虑对事影响的过程之规律。确切说这一部分需要更加系统化、逻辑化与合理化，这也是我们撰写本书的思维基点。

第三个启示：解释了企业为什么会老化和死亡，以及在不同的阶段企业应采取的应变之策

在企业生命周期的各个上升阶段，都有一些陷阱。这些陷阱处理不当，轻则延误或制约企业的发展，重则导致企业走向死亡。同样在企业生命周期的各个衰退阶段，也有一些转机，企业一旦抓住，就可能在二次成长与二次创业中获得新生。这就并不局限于原有生命周期的模型，而是加入了转型与升级的革命因素。我们认为，这才是真正符合企业的发展规律。

正因如此，我们在绘制企业成长地图时，将生命周期理论简单化。我们只取了企业上升阶段，在企业衰退阶段，直接导入了企业转型与升级的模式，以获得企业成长的驱动力。最终将企业成长划定为四个阶段，即爬、走、跑、飞，并以此作为企业成长地图的纬度。

爱迪思的企业生命周期理论，毕竟距今已20余年了，从研究之初算起，有40余年。当时，世界经济还处于工业革命时期，外在经济环境远没有现在变化快，所以这一理论成果也需要不断地更新与发展。比如：这一理论主要阐述管理的哲学，即管理的关键是在不断变化的环境中，塑造一个能保证组织的利益相关者们合作、沟通、相互信任与尊重的内部管理环境，以通过团队的协作获得佳绩并保持组织处于盛年

阶段。而对于企业如何应对市场、面对客户、抗衡对手、整合资源、克敌制胜，没有更深入的研究；关于企业成长驱动因素的模型，过于简单化，因素不够全面，逻辑也不够清晰；对企业家个人领导力因素考虑不多；企业死亡陷阱，在新的时代已经呈现出不同的表现；企业转型与升级，缺乏更为清晰的指引……这些都是这一理论需要进一步完善提高的部分，也是我们要在本书中阐述的重点内容。

第三节　企业成长理论的演进

如果我们把企业不同的发展阶段，作为企业与企业家成长地图的纬度，那么这张地图的经度必然是企业成长的驱动因素。如果我们在企业生命周期的研究上，需要致敬伊查克·爱迪思先生，那么在企业成长驱动因素的研究上，需要致敬的就是一群可敬可佩的学者与先贤。

企业成长理论一直是西方经济理论研究的重要内容，影响企业成长的因素不仅有内部的、经济性的制约因素，还有外部的、制度性的制约因素。随着时代背景的不同，其研究重点有所差异，其研究视角也在不断拓展与深化。

经济学往往把企业作为一个黑匣子，从企业外部寻找企业成长的驱动因素，如亚当·斯密的分工理论、马歇尔对企业规模经济的阐述等。开启企业"黑匣子"的工作始于罗纳德·科斯。科斯认为，企业的出现是为了节约交易费用，但也带来了管理成本。管理费用和交易费用的两相比较决定了企业规模的大小。

企业内生成长论起源于伊迪丝·彭罗斯。她以单个企业为研究对象，研究了企业成长的影响因素和成长机制，建立了一个企业资源－企业能力－企业成长的分析框架，认为企业拥有的资源状况决定企业能力的基础，企业能力决定了企业成长的速度、方式和界限，企业的成长主要取决于能否更为有效地利用现有资源，影响企业持续性成长的主要因素是管理资源不足，企业成长实质上是企业管理能力与资源交互作用的动态过程。

那么，又是什么决定了企业配置、开发与保护资源的能力？也就是说，隐藏在能力背后的又是什么？在对企业核心能力深层次决定因素的追寻过程中，出现了以知识为基础的企业成长理论。企业知识理论认为，隐藏在能力背后并决定企业能力的是企业的知识以及与知识密切相关的认知学习，正是企业知识决定了企业的竞争优势，企业知识论是对企业能力理论的进一步引申。其典型代表人物有德姆塞茨、野中郁次郎等。

总之，企业内生成长理论认为：企业成长具有内生性，企业拥有的资源、能力和知识等才是企业成长的根本原因，从企业内部构建企业独特的知识和能力是企业成长的手段和内在动力，企业成长决定于如何构建这些不可交易的知识和能力。

在我们构建企业成长地图的经度框架时，除了站在前辈的肩膀上，总结相关各驱动因素外，还引入了企业家因素，并把此因素作为一个重要方面进行单独研究。我们提出：显化力是企业家与普通人最重要的能力差别，这从很多人想要创业到真正创业的人只占其中很少一部分中可以得到印证。显化力是梦想成真的能力，是一个想法变成现实的能力。我们从心理学、超心理学、量子物理与哲学角度，对此进行了跨学科研究，总结了从想法变成现实的演进过程，作为企业成长的人的关键因素。同时，在"事"的层面，将企业成长的基础关键大事，总结为经营、管理、资源平台和文化机制等企业成长驱动因素，并提出各驱动因素的模型，以便于进一步深入探索。

至此，基于企业家（人的因素）和企业（事的因素）的成长驱动因素建模工作完成（这部分详见本书第二章、第三章）。

第四节　企业成长地图的纬度及各阶段主要任务与思维基点

　　我们把企业成长分为四个阶段进行研究，每个阶段企业面临不同的任务。从企业家的角度，这些任务就是在这个阶段考虑问题及做出决策的思维基点。在企业生命周期理论中，企业有一个衰退期，主要原因之一是这一阶段企业家失去了成长的驱动力。其实，成长的驱动力不仅在衰退阶段至关重要，在企业上升阶段，如果企业家失去了驱动力，也会带来企业的夭折。我们之所以把企业成长简化为"爬、走、跑、飞"四个阶段，正是因为我们打通了每个阶段的成长驱动力，每个思维基点恰恰是这个阶段企业家发展企业的动力源泉。

一、"爬"的阶段——企业初创期

　　企业在"爬"的阶段，基本任务就是活下来，生存就是这个阶段企业家的思维基点。当年刘邦斩白蛇起义，首先考虑的不是如何争天下、做皇帝，而是怎么活下来。当时的刘邦担任泗水亭长，奉命押送犯人前往骊山修建宫殿，押送中，很多囚犯趁机逃跑了。刘邦心想，这样下去估计还没到骊山，人就跑得差不多了，横竖都是死，还不如拼一下，说不定还会有另外一种结局。思考再三后，刘邦将囚犯们召集起来，对大家说："明天我也要亡命天涯了，大家就在这个地方解散吧……"囚犯们听到这个消息后很开心，一哄而散，但还有十余名囚犯很钦佩刘邦，愿意跟随其左右。一天晚上，他们在道路中间看见了一条白蛇，有的人看见白蛇挡路被吓退了回来，刘邦深知此时退却士气必受损，也是死路一条。已经到了这一步，也没什么大不了的，一咬牙，提起三尺宝剑，一剑把那白蛇砍成了两截，这就是"汉高祖斩蛇起义"的由来。

企业的"爬"的阶段是一段充满不确定的航程，时刻面临生死考验。绝大多数企业在这一阶段"出师未捷"，有数据显示，我国有 22% 的企业在这个阶段死掉。在这一阶段，我们提出几个问题供企业家思考：一是，在系统建设上，该阶段最主要的任务是什么？二是，当资源与能力不足时，企业如何应对？三是，这一阶段企业管理的重点在哪里？四是，为什么这一阶段企业家的创造力极强？五是，企业家情怀在这一阶段重要吗？这些问题，也是我们在探索过程中反复推敲印证的，将在本书第四章揭晓成果。

二、"走"的阶段——企业成长期

企业在"走"的阶段，基本任务是"稳"。"稳"就是让企业活出必然性，企业持续成长是企业家在这一阶段的思维基点。要想活出必然，有一个重要标志，就是盈利模式取代老板。我们在总结生命周期理论时发现：这一阶段企业往往处于一个不断试错的过程，这个过程就是对企业盈利模式的探索过程。

在我国，有 67% 的企业在这个阶段死掉。在经历过原始积累的生存努力之后，很多企业会慢慢找到属于自己的生存方式，这些是一个公司运转的基础。这一阶段人员开始增长得很快，企业进入第一个快速发展阶段。当企业家从创业阶段的九死一生中闯出来后，比起"爬"的阶段，成长的确定性大大提高了。这一阶段，商业系统已经确立并基本稳定，增长的路径也清晰可辨，只要不犯常识性、基础性错误，通常都会有巨大的收获。

在第 15 届清华大学中国创业者训练营上，拉卡拉董事长兼总裁孙陶然的主题演讲提出了一个很有价值的观点，他认为这一阶段的考题是企业能否大规模地赚钱，并提出了三把尺子衡量一个企业有没有价值以及价值大小：一是利润；二是收入；三是用户规模。

在"走"的阶段，我们同样提出了几个问题供企业家思考：一是，到底如何建立盈利模式？二是，盈利模式一旦建立，企业已经不是靠一个人可以驱动了，需要管理系统的配套，企业管理系统又是如何建立起来的？三是，管理系统的建立需要克服怎样的阻碍？如何水到渠成做到无为而治？四是，如何对待一下子增加的机会？这一阶段企业家会面临怎样的诱惑？五是，一旦盈利模式建立起来，当企业家从日常工作中解放出来后，等待他的下一个工作重点是什么？六是，为什么很多企业家在这一阶段会失去成长的驱动力？所有这些问题，我们将在本书第五章中探索。

三、"跑"的阶段——企业发展期

企业在"跑"的阶段，基本任务是发展。做大与做强，是企业家在这一阶段的思维基点。在"走"的阶段后期，企业会出现一段稳定期，业绩出现瓶颈，表现为连续 2 ~ 3 年变化不大，企业家基本掌握了企业生存所必备的经营系统与管理系统。企业盈利模式已经建立，从日常工作中解放出来的老板，比较清闲。这时，企业容易失去成长的驱动力。做大与做强的思维基点，将再次点燃企业家的创业梦想，为企业成长提供新的动力源泉。

先做大还是先做强呢？这个问题曾经引起过不小的争论。我们的结论是：都行。就是根据企业自身情况，可以先做大后做强，也可以先做强后做大。就是不能只做大不做强，也不能只做强不做大。只做大不做强，不是真正的大。只做强不做大，也不是真正的强。强与大是阴与阳的关系，相辅相成。正如人用两条腿走路，无论先迈哪条腿，都是"一二一"的步调。举个例子。我们有一个学员在行业内技术十分领先，曾经做到亚太区行业前三，不可谓不强。当时同行投奔者有之，求收购者有之，连锁加盟者更是趋之若鹜。然而，因为没有抓住机遇，乘势做大，结果错失良机。而与之同一时期的竞争对手，却乘机发展加盟，几年下来，已是明日黄花不再，甚为可惜。

为什么企业只做强不做大，不是真正的强呢？原因很简单。企业做大有好处。企业做大，利润不一定大，甚至不一定赚钱，但有一样一定会大，那就是资源。资源一大，就有了诸多可能性，这也是很多企业喜欢大的原因。但是，在我们的研究中，发现了一种"一大就死"的现象。例如，河北有一家企业，开第一家公司，是赚钱的，后来慢慢把自己的盈利模式建构起来了，开第二家也是赚钱的，一直开下去，开了10家分公司，有七八家赚钱。这是一个标志，代表盈利模式基本是可以的。这时企业的老板想做更大了，往河南发展的时候，他还是用河北的那套方法，在河南开了第一家分公司，却不赚钱了，苦撑了一段时间，居然做不下去了。为什么呢？

老板开始找原因。水土不服、人才本地化、产品结构调整，试了几次，还是不行。老板开始沉不住气了，一群人给出主意。有人说，现在都互联网时代了，原有的模式不行了；有人说，最重要的是格局，老板要舍得分钱，要搞员工持股；有人说，最关键的是资本运作，不能再赚实业的钱了……老板听得频频点头，觉得甚为有理。听人劝，吃饱饭。改吧。结果越改越乱套。老板最怕的是心气儿乱了，心气儿一乱，就糟了。

有些企业，到死也没搞明白，为什么一下子就不行了。这样死的企业特别可惜。为什么死了？很简单，就是你不够强。这时，在一定区域内活，是没有问题的，往更大区域发展的时候，就比较危险了。比如，河南也有跟他一样的竞争对手，人家也是从第一家开到了10家，你到人家的地盘上，还不足够强大，人家有本地优势，你没有。这时，老板有两个选择：一是回来把竞争力做起来，然后再往外发展；二是退回来，把自己的这个摊守住，让对方也不敢来河北，因为他来河北，你照样有优势。中国有句古话：不是强龙不过江，说的就是这个道理。所以我们说：只做大不做强，不是真正的大，顶多算是一个区域内的大，草头王而已。

那如何做大、做强呢？先别急，我们还是先提出本阶段的一些问题，留待第六章再深度探讨吧。这些问题是：企业做大、做强必要的准备工作有哪些？这一阶段资源和机会增加，企业如何选择？如何既获得发展机会又能有效控制风险？管理的重点又发生了怎样的变化？企业家修行的方向是什么？如何跳脱"走"的阶段的自以为是？

四、"飞"的阶段——企业飞跃期

下面我们进入企业成长"飞"的阶段，这一阶段的任务是引领行业发展。承担行业与产业的责任，是企业家的思维基点，也是企业家在这一阶段仍然能燃烧的动力源。这里我们必须清晰一件事：并不是说在这一阶段企业家出于回报社会的意愿来承担行业产业责任，而是如果企业家在这一阶段的思维高度无法承担行业产业责任，如果不能提升自己的思维去解决行业与产业的问题，企业根本没有"飞"的可能性。举个例子。我们有一个辅导学员是做大理石的，老板姓黄，福建人，具有企业家思维。

大理石行业到现在是没有品牌的，与之类似的瓷砖行业是有品牌的。为什么大理石行业没有品牌呢？因为大理石是天然的，当然这不是没有品牌的根本原因，最主要的原因跟这个行业的商业模式有关。现在大理石行业做得好的企业，客户是建材商和装修公司，换言之，客户是内行。内行追求的是什么？一句话：性价比。而且，他不需要大理石企业有品牌，因为对于这些内行客户，你价格越低，越不透明，对他越有利。

黄总是一个有情怀的企业家，他不满足于只卖原材料，他希望天然的大理石会被拼接为美丽的图案，岁月凝结的花纹质地各不相同，在设计师的手中，变成流淌的水墨、写意的山水，装点你的办公场所或居家，熠熠生辉。每个生产与服务环节，无不体现着这种匠心。在与黄总的交流中更能感受到这种企业家的情怀，他的企业本质上不是卖石材的，而是卖设计的。但这也造成了黄总最大的困惑：个性化要求和营销成本的增加，多品种小批量带来的产能缩减，经销商和工程渠道的性价比需求与设计以及质量供给之间的产品力冲突……

很多人会把情怀与商业对立起来看待，而对于我们，企业家情怀往往是商业模式创新的着力点。这一价值主张的变化，足以引发石材的一次商业革命。石材现有的产业链为：上游矿山－石材加工－渠道－安装－最终用户。在这条产业链上，除了最终用户，没人真正关心设计与质量，而最终用户又是最不懂行的人。这就是企业家情怀与商业逻辑的矛盾之处。大多数情况会牺牲情怀，屈从于现实。这当然是一个简单的选择，但同时也会使你的企业流于平庸，失去发展的可能。其实，只要打通商业逻辑的几个环节，一条新兴企业成长之路也就呈现在眼前了，关键是：市场下沉、客户教育、客户群体把握。这条路有一定风险，但机会同样诱人。

为使风险可控，宜采取两种措施：一是将现有渠道业务进行分割，保护既得利益；二是进行新模式的探索和数据积累。其中第二项工作的重点为：总结标准、品牌运作与合作模式。于是，他开始把客户群延伸至 C 端，也就是直接需要大理石的最终用户。随着这部分业务占比的增大，黄总发现一个市场的机会展现在眼前。他的公司目前在北方大理石行业排名前三，行业的老大老二都是沿用过去的模式，把渠道作为主要客户，根本没有做品牌的必要，而行业老四、老五即便想做，也没有这个号召力和影响力。可以说正好市场给他留下了这个空间，去成为这个行业的品牌领导者。

我们有 8 种策略支持企业做品牌，但并不是 8 种策略都适合同一家企业，每个企业至少会发现一种适合自己的策略。最终，我们帮黄总找了最适合他的策略——先占策略。什么是先占策略？就是成为品类的代名词。比如：可口可乐是可乐的代名词，格兰仕是微波炉的代名词。这不是谁都可以做的，是你的行业正好留有这个空间才可以做的。因为现在中国大理石行业还没有品牌，他才可以这么做。而一旦他运用先占策略，定位自己的品牌，才会成为这个行业品牌的领导者。

后来，他的核心团队总结了一句话：××石材——豪宅装修大理石专家品牌。这是××石材品牌的核心价值提炼，这个就是品类的代名词。但这是不够的，这个核心价值需要诠释。根据我们的定位与卖点体系模型，结合我们的工具，黄总带领核心团队进行了头脑风暴，最后总结了四句话。

第一句：天然奢华。读者朋友，想想这句话是给谁做的广告？没错，是给大理石行业做广告。跟黄总的公司没有关系，天然奢华是跟谁比？瓷砖行业。这个就叫行业产业责任。今天你想做行业领导品牌，做大理石行业代名词，可以。但首先你的所有宣传，第一句话先为行业宣传，这不是贡献与付出，而是一种必须。因为你无法解决客户选择大理石的理由，就无法让客户选择你。

第二句才是给自己企业的宣传：私人定制。什么是私人定制？很多人以为做品牌是语文题，就是想到一个好词，然后把它传播出去就行了。这是做品牌最大的误区。做品牌提炼其实是一道数学题，是一个严谨的逻辑推演过程。为什么敢说私人定制？大理石是天然的，每片大理石都有天然的花纹。比如：你的别墅要做一个背景墙，一块大理石是不够的，这就需要几块不一样的大理石。每一块大理石的花纹都不一样，××石材的设计可以让花纹连在一起，产生一个水墨画的效果，而且是独一无二的，这才敢说私人定制。只有××石材能做到这一点。为什么呢？因为其他大理石企业的客户是建材商与装修公司，所以不愿花大量的时间和精力去做，这样做的话成本会增加。

第三句：精工细作。这是说制作工艺。××石材的每一片大理石都是自己全线加工，质量管控、物流安装，全部自主一站式完成。同样，没有这样的工艺保证，精工细作就是一句空话。第二句、第三句是××石材的理性定位。仅仅理性定位是不够的，理性定位比较容易识别，但不容易实现偏爱，所以必须上升到感性定位。第四句话就是感性升华。

第四句：传承百年。为什么能传承百年？首先，大理石是天然的，永远不过时。历史上能传承百年的建筑几乎都会使用大理石。其次，××石材是私人定制。你的是唯一的，独一无二的。再次，××石材注重质量、精工细作，从出品、运输、安装，严格把关。这三点缺一不可。最终，××石材总结的品牌核心价值为：天然奢华、私人定制、精工细作、传承百年——××石材，豪宅装修大理石专家品牌！通过这个案例，读者不难发现：今天你想做行业领导者，必须承担行业责任。你不能仅仅从本企业的角度看问题，而是要从行业的角度看企业，从产业链的角度看企业。这样你才会有一个全新的视角。

在企业"飞"的阶段，我们同样提出一些问题供企业家思考：一是，如果用人的生命周期类比企业，"爬、走、跑"都是人类正常的生理成长阶段，而人类的"飞"只有在神话故事中才能看到。我们有意以此为类比，表明进入这一阶段的企业，也是企业发展的神话与传说。为何如此之难呢？因为这一阶段的企业家早已实现了财务自由，大部分人失去了成长的驱动力。那么，这一阶段还能让企业家保持创业激情的动力源泉是什么呢？二是，这一阶段，企业家的思维格局必须进行升级和拓展。企业从行业和产业的角度，面临着转型与升级，其艰难不亚于二次创业。其中的关键支点是什么呢？三是，一旦从行业与产业的高度认识企业，原有的企业将成为生态系统的一个环节。这时，需要打通怎样的穴位呢？请读者关注本书第七章。下面，我们接着谈谈企业家领导力与心智力训练行业的转型升级。

本书撰写过程中，恰逢国家对原有企业家领导力与心智力训练行业进行整顿。一些朋友辗转找到我们，希望我们为其行业转型和升级提供帮助。我们从事的是企业经营咨询项目和经营核心团队的养成教育领域，也愿为此尽绵薄之力。于是，我们访谈了这个行业的一些资深人士，站在行业与产业高度，提出一些行业急需解决的问题，并把我们为此行业企业进行转型与升级的部分操作经验，借本书出版之际分享一下。一方面，作为承担行业与产业责任的案例；另一方面，也希望能够为企业家领导力与心智力训练行业的转型升级，提供些许启示。在此，我们总结了这一行业的四大基本问题，并针对四大基本问题提出了策略性调整的方向。

（1）学员对话系统（这里指沟通的方式）不统一

我们在对该行业某资深人士进行访谈时，他说了一段很有趣的话：我们这个行业的商业模式有些奇葩。首先我们没有专业的销售人员，我们用一群业余人员做销售，然后他们就开始销售了。不管他们销售业绩好与不好，我们都是一顿骂，结果逼得他们胡说八道。"你企业不好，来领导力训练吧""你家庭关系有问题，来领导力训练吧""你儿子学习不好，来领导力训练吧"甚至"你有脚气，来领导力训练吧"，这简直是行业的笑话。

在一个学员的分享中，他这样说："有人问我，你这段时间天天学习学到了什么？我说没学到什么。有人问导师教了什么？我说不知道，但我知道有些变化在我身上发生了。"这其实是一个有所收获的学员。可即便如此，他还是说不清楚。

这样混乱的对话系统，也加重了货不对板的危机。所以，我们对该行业企业调整的重点工作之一，首先就是建立统一而清晰的对话系统。

（2）专业不够，导致产品货不对板

领导力训练的产品体系较为复杂，从交付的角度，导师只占其中一部分。教练和总教至关重要，但恰恰是这一部分群体都是由义工体系完成，不仅专业度不够，还没有统一的标准。再加上每个教练个人的因素影响，难免造成训练成果完全失控，甚至走向反面。而当下的教练训练板块，大部分是能力训练。且不说这一部分训练的有效性如何，转化为具体工作的应用，也不是每个人都能够完成的。何况这一训练又与平台需求脱节，导致大部分教练没有专业训练，就算训练过也不会应用，就算会应用也不符合需求。这就造成了严重的货不对板现象。

所以，我们对该行业企业调整的重点工作之二，就是建立基于工作场景训练而不是基于能力训练的教育系统，并且由平台付费，免费开放给愿意在系统中承担教练职责的教练人员，并建立考核机制与晋升通路。

（3）生存压力，导致丧失初心

领导力训练的初心是在一个封闭且相对安全的环境，给人提供一个自我察觉的空间，从而通过心智模式的调整，疗愈成长过程中的创伤，进而重新梳理内在的自我对话，让人发挥本自具足的潜力，活出更加圆满与丰盛的人生。这一初心可谓高尚美好，我们看到很多平台创始人都曾是这一训练的受益者，他们怀抱着这一美好而高尚的初心和情怀投入这一行业。可惜他们大多对商业一无所知，对企业经营的规律也是一知半解，导致经营越来越困难。基于生存的压力，很多创始人背离了这一初心，以爱为借口者有之，以道德绑架者有之，以突破威胁者有之，甚至以金钱为诱惑者也屡见不鲜，造成了一个又一个行业乱象。

这一乱象不是我们一己之力所能左右的，这也是行业整改的必要性所在。对此，我们坚决拥护，而且我们帮助的客户，也是这个行业中保持初心、值得帮助的教育机构。

（4）商业模式的局限造成恶性循环

由于平台创始人商业能力的匮乏，致使这个行业的商业模式局限于客户的转介绍。最初，这种转介绍尚能保持一种自愿与公平，随着生存压力的增大，难免会出现一些不可控的现象，且在恶性循环中愈演愈烈。

我们对该行业企业调整的重点工作之三，就是重建该行业的盈利模式，开放多个入口，以更为合理、有效的商业逻辑和交易结构，设计该行业企业的商业系统，并通过一段时间的试运行，进入良性循环。这也正是我们擅长之处。

第二章

商场如战场，以何为重；经营与管理，谁主沉浮

　　上一章，我们讨论了企业成长"爬、走、跑、飞"四个阶段，以及每个阶段企业的任务、企业家的思维基点和成长动力等问题。这一章，我们将讨论企业成长的驱动要素。换言之，一个企业要成长，需要做好哪些最基本的事情。这也是企业成长地图经度中前半部分的核心要素。

第一节　企业成长四大基本驱动要素

一、经营系统是企业成长驱动要素之——它决定企业是否盈利

商场如战场，今日之商战，亦犹如行军打仗一般。将企业喻之军队，再贴切不过了。

首先，一支强有力的军队，是以作战的胜利为己任的。也就是说，打仗并取得胜利是第一要素。我们常说"企业以盈利为目的"。盈利是企业经营的根本，企业经营如同军队打仗，是企业成长的四大基本驱动要素之一。

松下幸之助毕生推广的信念就是：赚钱是企业的使命。这让日本成为"二战"后最早在亚洲致富的国家。

当然，这并不是说，企业为了盈利，可以不择手段。如同军队不能为了取得胜利，就可以不择手段一样。

二、文化系统是企业成长不可或缺的驱动要素之一——它决定人心的连接

（一）企业一体化关系

包政先生是我极其尊崇的一位咨询界前辈，记得他在一篇文章中提到：当年，本田宗一郎和藤泽武夫讨论企业永续经营问题。说一个企业倒闭的标志，往往是现金流断了。但这不是本质，比现金流更为本质的东西，是产品不能被人追捧。显然，产品背后是人。能不能呼唤更多的人，接受本田公司的产品呢？

两位创业者突然顿悟，本田公司需要创造的不是一种适销对路的产品，而是一种利益与共、事业与共、命运与共的关系体系。于是，本田公司的创立者，确立了组织的最基本原则——三喜欢原则："使员工喜欢，经销商喜欢，消费者喜欢"。从根本上向相关利益者，即员工、经销商和消费者公开宣称，本田公司的存在价值和理由。

这就是企业的定义、企业的道义、企业的使命宣言和连接的真相。

包政先生接着指出：只有看透企业本质的人，才会知道构建一体化关系体系的重要性。从利润、现金流到产品，再到人，我们肉眼能够看见的只是表象，看不到的是人背后的一体化关系体系，看不到的是构建一体化关系体系所需要的基本原则。我们能看见的是连接的表象，诸如产品连接、活动连接、资本连接。我们看不见的是连接的真相，人心的连接。

因此，我们很容易看到，钱是重要的、技术是重要的、资源是重要的，却不容易看到，把人心连接起来的是原则，是对原则的承诺以及认真践行这些原则的表现，这些原则我们称作组织原则。

这些组织原则，以及对这些原则的承诺和践行，构建出的一体化关系系统，我们称为"企业文化系统"。正如军队的军魂和亮剑精神，是一支军队可以在生死关头坚守的信仰，文化系统也是支持企业长足发展的动力源泉。它包含了我们耳熟能详的重要理念，如"企业愿景、使命、价值观"等，构成了企业成长四大基本驱动要素中不可或缺的一项。在

此，我们不想讨论，两项要素孰轻孰重，只想把企业一体化关系系统的重要关系（利益相关群体）呈现给各位读者朋友。

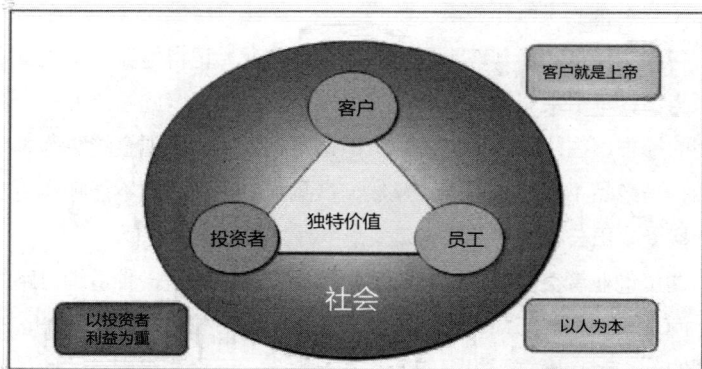

如图所示，企业建构的一体化关系，至少包含了三个重要角色：投资者、客户与员工。推而广之，还将囊括企业与社会的关系。

松下幸之助先生倡导"赚钱是企业的使命"，其实是基于"企业对投资者的责任"。

（二）企业宗旨的唯一定义：创造顾客

对于同样的问题，德鲁克先生的回答则更倾向于企业与客户的关系。

企业之所以会存在，就是为了要向顾客提供满意的商品和服务，而不是为了给员工和管理者提供工作机会，甚至也不是为了给股东赚取利益和发放股息。比如，医院的存在不是为了医生和护士，而是为了病人。医院是为了给病人提供治疗服务而存在的。由此可见，赚钱不是企业追逐的唯一目的，它只是一个因素。

我们必须从企业的宗旨入手来理解企业是什么。企业的宗旨必须是存在于企业自身之外的。企业的宗旨必须存在于社会之中。企业的宗旨只有一种适当的定义：创造顾客。

企业是由顾客决定的。只有顾客买了你的商品或服务，才能使经济资源转化成财富，使物品转化成商品。顾客所购买的，绝不是一件实实在在的产品，而是效用，也就是说，商品或服务可以为顾客做些什么、带来什么影响。顾客是企业的基础，只有顾客才能提供就业机会，只有顾客才能使企业持续存在，持续发展。

定义企业的宗旨和使命，出发点只有一个——顾客。是顾客定义了企业的业务，确定了业务的范围。企业不是由公司的名称、规章制度来界定的，而是由顾客购买商品或服务时所要满足的需求来定义的。满足顾客的需要，就是每个企业的宗旨和使命。

（三）企业给客户带来什么价值

德鲁克举例说，美国通用汽车公司凯迪拉克汽车事业部的掌门人德雷斯沃曾经说过，凯迪拉克汽车是同钻石和貂皮大衣在竞争。凯迪拉克汽车买主购买的不是一种"运输工具"而是"地位"。

这一问题的本质是解决"我是谁"的问题。这是在一个企业的初创时期就应该提出的问题。在这一问题没有寻找到真正答案之前，企业无法进入规模化发展。

作为一家咨询公司的总经理，这也是一直困扰我的问题，直到近期我才找到这一问题的答案。我们给客户带来的独特价值体现为短、中、长期三个阶段。

短期价值：清晰系统，发现支点。进入我们系统辅导的企业客户，一般都会经历一个打通任督二脉的过程。他们会发现企业面临的问题开始清晰起来，甚至在开始阶段会产生能力错觉，以为一切都在掌控之中。

中期价值：支点用力，掌控目标。之后他们开始学会在支点上用力。这是企业客户最痛苦的阶段。他们开始发现之前所犯的错误，并且为这些错误付出一定的代价。业绩下滑、人员流失、经营与管理系统调整、目标回落，直到他们开始掌控自己的目标，对业绩进入挑战与愉悦的状态。良性循环开始建立。

长期价值：统一操作系统，养成经营团队。当再次进入辅导系统时，他们信心满满。这时，他们的团队在统一的操作系统下，经过一段时间的战斗，沟通将变得简单而无障碍。管理团队的风气，被经营团队的战斗力所取代。团队成员不畏惧打仗，更容易把握机会。

（四）核心团队组建

崇祯元年（1628年），明廷朝政腐败，全国饥荒连年，农民大声疾呼："与其坐而饥死，何不盗（即起义）而死。"农民起义风起云涌，高迎祥揭竿于安塞。

高迎祥，明末农民起义领袖，他曾以贩马为业，善骑射，膂力过人，上阵时白袍白巾，身先士卒，率部活动于延庆府，自称闯王。闯王原本想到中原"海阔天空"一下，没想到被卢阎王（五省总督卢象升）紧追不舍，高迎祥只得重回陕西发展，不久他就拉起队伍经兴安回到陕南山区。高迎祥进入陕西以后，卢象升部官军齐集河南西部，堵住了高迎祥东出中原的路子，形成关门打狗之势，消灭高迎祥的任务就落到了陕西官军的头上，具体来说是落到了陕西新任巡抚孙传庭的头上。

高迎祥部退入陕南山区之后，荒山野岭无处觅食，人饥马乏。为摆脱困境，他决定走小路进攻西安，给官军来一个突然袭击。对此，孙传庭早有预料，在闯王必经之路周至黑水峪设置伏兵，准备以逸击劳。崇祯九年（1636年）七月中旬，高迎祥部果然出现在周至黑水峪，进入了孙传庭的包围圈，双方展开了四天的激战。此时天降大雨，高迎祥部已经连续多日断粮，人马处于半饥饿状态，在大战中渐渐招架不住，官军的包围圈越来越小。高迎祥被官军包围无法脱身，只好脱下盔甲藏到草丛里，官军搜山将其活捉。崇祯得知高迎祥被俘的消息兴奋不已，命令将其押往北京举行献俘仪式，仪式后高迎祥被凌迟处死。

高迎祥余部归李自成，起义军推戴李自成为闯王。此时，清军入边，破十六城，崇祯帝朱由检急调卢象升率军驰援，中原压力减轻。张献忠乘机复起，联合罗汝才等部20余万人，沿江东进，分散活动于蕲州、霍山一带。

崇祯十年（1637年），朱由检再命熊文灿为五省总督，组织新的围剿。李自成进军四川，一度破城10余座，并攻克甘肃的宁州、羌州，入七盘关，但在次年返陕时，在洮河一带遭洪承畴及孙传庭军袭击，败走岷州。与此同时，张献忠在南阳亦为左良玉军击败，负伤退谷城。熊文灿遂改围剿为招抚。刘国能、张天琳、张献忠、罗汝才先后降明或就抚。李自成率残部活动于川陕边境山区。

崇祯十二年（1639年）十月，陕西最后一股"贼军"——李自成部，在途中被洪承畴令总兵马科、左光先领兵截击。李自成回师转东，洪承畴又令曹变蛟潼关设伏邀击，李自成大败，仅余十八骑走入陕南商洛山中，农民起义陷入低潮。这就是传说中的商洛十八骑。然而，谁能想到短短5年，李自成就凭着商洛十八骑的底子，在1644年占领北京。

300多年后，同样的传说在江湖上流传。只不过闯王的马终于闯出了大门，而"王"上面两层的台柱子，变成了下面的基石。商洛十八骑，变成了十八罗汉。马云与十八罗汉的故事再次成为江湖上的神话。聪明的读者朋友当然懂得这是一个玩笑。但无论是从闯王商洛十八骑到马云的十八罗汉，还是从蜀汉桃园三结义到新东方创始人三巨头，似乎都在诠释着同一个道理：一个核心团队对组织成长的重要性。

我们再次引用包政先生的观点：组织的全部难点，在于如何锤炼出一支有"共同文化"的种子选手队伍。很多时候，组织积聚一批高素质的人并不难，难的是如何使之有共同的"使命追求"，并历尽磨难，成为有共同文化的自觉战士。如同当年闯王李自成手下闯过潼关的十八骑。可以说，大顺政权的事业，始于这十八个志同道合者。一群有志向的能人在一起共同奋斗，怎么可能没有未来呢？即便遇到暂时的挫折，也必然会有成功的一天。不能成功的真正原因，一定是缺乏志同道合的人，一定是不能练就一支队伍。一群乌合之众，人再多或聪明人再多，也打不了天下。

管理大师德鲁克认为，太过聪明的人往往不为组织所用。马云说：创业就是"疯子"带着一群"傻子"，一起做件将来可能很牛的事情。

如今的世界很精彩，市场经济的诱惑又特别多，聪明人确实挡不住诱惑，难以确立志向，难以有定数，难以在企业的"使命追求"上达成彼此间的"心理契约"。而且，公司越顺利，卷进来的投机者就越多，文化上的麻烦就越大。如果这一切发生在外部市场竞争日趋激烈或无利可图时，该组织的衰退将无可挽回。百年企业，创业艰难，深层次原因就在于此；不经历创业期的千锤百炼，就难以建立一支有文化的核心团队，就难圆百年企业之梦。

所以，公司不要因为有一些人离去而担忧，也别指望"所有人"都能认同组织的"使命追求"，毕竟世上有太多的聪明人以及自以为聪明的人。不要认为一些聪明人走了，就是组织的原因，是公司的问题，更不要认为一些聪明人走了，是一件坏事。某种意义上说，留住那些投机取巧的聪明人，弊大于利。按韦尔奇的说法，不认同组织的人只能离开。按《基业长青》的说法，如果某人不适合组织，就立即请走，越快越好，绝不犹豫。就好像离流感一样，立即治疗，绝不含糊，以免关键的组织器官大面积感染，生命体窒息而死。

三、管理系统是企业成长四大驱动要素之一——它决定组织的效率与可控性

组织的构建是一个漫长的过程，是一个伴随着从个别人觉悟到少数人觉悟，再到更多的人觉悟的过程，其中包含着一系列的劝说、引导、示范、修正与改进，以及制度化与规范化的过程。企图一夜之间建成一个组织，要么你是神仙，要么你不懂组织。

正如一支好的军队，要想经常取得胜利，有素的训练尤为重要。无论是士兵的个人技能还是整个部队的排兵布阵，都需要平日里严格的训练，方能在战斗中有更大的取胜把握。这就好比企业中的"管理"，所以我们说：管理本身没有目的，管理唯一的目的是实现"经营"的目的。

管理对经营的支持体现在两个方面：一是效率更高，这主要靠能力的训练完成；二是让经营处于可控的状态，也就是风险最低。这就必须努力提升全体员工的精神境界，唤醒全体员工的良知和良心。在这个漫长的过程中，维系一个组织的力量，绝不只是什么企业文化、使命愿景，更多的是物质利益以及可以挣钱的可能性。所以，任何时候，建立一套

基于共同承诺的价值创造与价值共享机制，都是管理系统中至关重要的组成部分。

四、资源平台是企业成长四大驱动要素之一——它决定企业成长的后劲

有句话是"三军未动、粮草先行"，可见资源对战争胜利的重要性。在企业成长中，资源同样扮演着不可或缺的角色。

早在 1990 年，就有人提出 ERP（企业资源计划）的概念。这是一套将企业所有资源进行整合集成管理的系统，简单说就是将企业的四大流——物流、资金流、信息流、人流，进行全面一体化管理的管理信息系统。

我们在此提出的资源平台，并非传统意义的基于企业内部的资源计划，而是基于企业与外部互动合作而建立的为企业发展提供足够后续力量的资源储备与合作平台。这样的资源平台才能构成企业成长的驱动因素。

现在，我们来总结一下，关于地图中"事"这一层面的四项基本驱动要素，分别是"经营系统、管理系统、资源平台和文化系统"。

看到这里，读者也许会有一些疑问：经营是指营销吗？经营与管理的区别是什么呢？为什么四大驱动要素中，没有我们常说的"战略和商业模式"呢？别急，所有这些疑问，都将随着后文展开，且听我慢慢道来。

第二节　经营与管理

经营如打仗，管理似训练，训练是为了打仗，打仗更离不开训练。可打仗和训练毕竟是两件不同的事，各有各的规律，各有各的责任。这本该是人人都懂的道理，可长期以来，经营与管理恰恰被作为一个问题看待。为什么呢？我们不妨先从管理的发展历史来看。

一、管理发展史

20世纪之前，处于经验管理阶段。换言之，就是老板靠自己的经验做管理。

1881年，费城一家钢铁公司发生了一件在当时微不足道、日后却被载入史册的事。一个25岁的年轻人，开始关注工人的生产效率，并进行了一系列科学实验。这是第一次把科学实验的方法引入企业管理领域。

当时，美国工业出现前所未有的资本积累和技术进步。但工人和资本家之间的矛盾严重激化：资本家对工人态度蛮横；工人生活艰苦，资本家却过着奢侈的生活；工人不断用捣毁机器和加入工会组织领导的大罢工来争取自己的权利。劳资关系的对立严重影响了企业的劳动生产率。对于如何发挥劳动力潜力的问题，有人主张使用优良机器替代劳动力，有人主张试行分享利润计划，还有一些人主张改进生产的程序、方法和体制。

　　泰勒当时是一位年轻的管理人员和工程师，是美国工程师协会的成员，因而很了解人们提出的一些解决办法，并在此基础上提出了他的具有划时代意义的科学管理理论和方法。泰勒对工人在工作中的"磨洋工"问题深有感触，他认为"磨洋工"的主要原因在于工人担心工作干多了，可能会使自己失业。泰勒认为，生产率是劳资双方都忽视的问题，部分原因是管理人员和工人都不了解什么是"一天合理的工作量"和"一天合理的报酬"。泰勒把生产率看作取得较高工资和较高利润的保证。他相信，用科学方法代替惯例和经验，无须人们付出更多的精力和努力，就能取得较高的生产率。

　　从1881年开始，他进行了一项"金属切削试验"，由此研究出每个金属切削工人每日的合理工作量。1898年，泰勒受雇于伯利恒钢铁公司期间，进行了著名的"搬运生铁块试验"和"铁锹试验"。搬运生铁块试验，是在这家公司的五座高炉的产品搬运班组大约75名工人中进行的。这一研究改进了操作方法，训练了工人，使生铁块的搬运量提高了3倍。铁锹试验是系统地研究铲上负载后，各种材料能够达到标准负载的锹的形状、规格，以及各种原料装锹的最好方法。此外，泰勒还对每一套动作的精确时间作了研究，从而得出了一个"一流工人"每天应该完成的工作量。这一研究的结果是非常杰出的，堆料场的劳动力从400～600人减少为140人，平均每人每天的操作量从16吨提高到59吨，每个工人的日工资从1.15美元提高到1.88美元。金属切削试验延续了26年，进行的各项试验超过3万次，80万磅的钢铁被试验用的工具切屑，总共耗费约15万美元。试验结果发现了能大大提高金属切削机工产量的高速工具钢，并取得了各种机床适当的转速和进刀量以及切削用量标准等资料。

1901年，泰勒离开伯利恒钢铁公司，开始著书立说，推广科学管理。1911年，《科学管理原理》出版。1915年，泰勒因病逝世，被后世称为：科学管理之父。

我们一向认为：以史为镜，可以知兴替；以人为镜，可以明得失。历史中往往隐藏着事物的本质与真相。

从管理的起源中，我们不难发现。

（1）管理是在资本寻求高利润、劳动者寻求高工资的矛盾中孕育而生的。

（2）此矛盾如果上升为经营的高度，是统一的。换言之，管理产生之初，就是为了达成经营的目的。

（3）达成经营目的的管理手段，最初表现为提高效率。直到现在，管理很重要的直接目标仍然是提高效率。

经营与管理的关系可以总结为：管理是手段，经营是目的；经营关注效益，管理关注效率。我们希望用提高效率的手段增加效益。

当然，提高效率的方法有很多，最著名的就是梅奥教授主持的霍桑实验。

古典管理理论的杰出代表泰勒、法约尔等人在不同的方面对管理思想和管理理论的发展做出了卓越的贡献，并对管理实践产生了深刻影响，但他们有一个共同的特点，就是都着重强调管理的科学性、合理性、纪律性，而未给管理中人的因素和作用以足够重视。他们的理论是基于这样一种假设，即社会是由一群无组织的个人所组成的；他们在思想上、行动上力争获得个人利益，追求最大限度的经济收入，即"经济人"；管理部门面对的仅仅是单一的职工个体或个体的简单总和。基于这种人识，工人被安排去从事固定的、枯燥的和过分简单的工作，成了"活机器"。

从20世纪20年代美国推行科学管理的实践来看，"泰勒制"在使生产率大幅度提高的同时，也使工人的劳动变得异常紧张、单调和劳累，引起了工人们的强烈不满，并导致工人怠工、罢工以及劳资关系日益紧张等问题的出现。另一方面，随着经济的发展和科学的进步，有着较高文化水平和技术水平的工人逐渐占据了主导地位，体力劳动也逐渐让位于脑力劳动，西方的资产阶级感到单纯用古典管理理论和方法已不能有效管理工人以达到提高生产率和利润的目的。这使得他们对新的管理思想、管理理论和管理方法的寻求和探索成为必要。

霍桑实验是 1924 年美国国家科学院的全国科学委员会在西方电气公司所属的霍桑工厂进行的一项实验，目的是为了弄清照明的质量对生产效率的影响。然而，两年多的实验发现，照明度的改变对生产效率并无影响。具体结果是：当实验组照明度增大时，实验组和控制组都增产；当实验组照明度减弱时，两组依然都增产，甚至实验组的照明度减至 0.06 烛光时，其产量亦无明显下降；直至照明减至如月光一般、实在看不清时，产量才急剧降下来。研究人员面对此结果感到茫然，失去了信心。

从 1927 年起，以梅奥教授为首的一批哈佛大学心理学工作者将实验工作接过来，继续进行。梅奥做了一系列相关实验，例如休息时间自定，或实验组加薪、控制组不加薪等。很有趣的是，实验组与控制组的产能都提升了。

经过几年的研究，梅奥与同僚发现金钱激励并不影响产能，因为在实验中加薪或不加薪产能都提升了。真正导致生产效率上升的主要原因是，参加实验的光荣感和成员间良好的相互关系。实验开始时 6 名参加实验的女工曾被召进部长办公室谈话，她们认为这是莫大的荣誉。这说明被重视的自豪感对人的积极性有明显的促进作用，团队归属感也能满足个人的心理需求。此外，赋予员工个人或团队对某项任务决策的责任，使得个人或团队更愿意将该任务视为己任而全力以赴。负责该任务之经理人对于整个事件的肯定与关怀，会使员工明白他们对组织有独特而重要的贡献。

最终，霍桑实验得出如下结论：职工是"社会人"；企业中存在着"非正式组织"；新型的领导能力在于提高职工的满足度。并由此提出霍桑效应：由于受到额外的关注而引起绩效或努力上升的情况，我们称之为"霍桑效应"。

这是管理理论的一个全新视角和巨大进步，但基本思路仍然没有跳脱用提高效率的手段达成提升效益的目的。

提升效益有没有其他的手段呢？有没有不在管理范畴的方式呢？这一点毋庸置疑。这些方式我们称之为经营策略，将这些经营策略进行系统化分析整理，就形成了一套经营系统，这是一套直接提升效益的手段。如果，我们把企业经营喻为军队打仗，把企业管理喻为军队训练，就可以把企业管理系统看作军队的训练手册，而直接作用于提升效益的经营系统，则是企业打仗的《孙子兵法》。这也是本书讨论的重点之一。

二、悖论

在管理发展史中，我们不难看出管理作为经营的手段，在产生之初，是用提高效率的方式达成提升效益的目的。这在外界环境变化不大时，没有任何问题。但 21 世纪，变化已经是新经济常态，管理与经营之间的悖论就越来越凸显了。

管理为了提高效率，最关键的要点是维持稳定。举个例子：一家服装厂，效率最高的方式就是做领子的工人永远做领子，做袖子的工人永远做袖子。而经营为了追求效益，则需要不断随着外面世界的变化而改变。在与企业家交流的过程中，我不止一次听到他们说自己的核心团队，抱怨老板总是在变。这表明：管理的核心团队是不理解经营者的应变的。

忘了是哪个同行说了下面这段话：所有试图用确定性方法去解决不确定性问题的尝试都注定是失败的。悲观点也可以说，传统管理理论的一种末日危机到来了。因为在今天占主流地位的传统管理理论，特别是从泰勒开始，都是基于高度确定性的控制假设。控制假设意味着把所有变量减到最低，特别是把人这个最大的变量做简单化处理。因此，在工业思维影响下，也许会有先知，但是大多数如我一样的管理咨询业的从业者，到今天还是被泰勒所绑架，因此我们交出来的都是"行活儿"。

今天，我们这个世界确实是变了，管理的未来已经彻底变成一个不确定性的未来。你必须学习用不确定性的方式来解决不确定性的问题。这就产生了难度，所有的难度都产生在这个两端都不确定的组合当中。

这段话颇有深意。我们按提供服务的方式把顾问分成两类：一类称为先知式顾问，一类称为辅佐式顾问。先知式顾问喜欢先调查诊断，然后出方案，再让企业执行方案。这正是传统咨询公司的做法。实话实说，这套方法越来越不适用了。而辅佐式顾问则如同军师，他会随同企业一起上战场。根据战局的瞬息万变，调整企业的布局、策略、打法甚至组织形态，这就是用不确定性方式解决不确定性问题。

在实践中，如何处理管理与经营的矛盾呢？

第一种方式：靠管理系统的自我调节。还记得 10 年前我们学管理学什么吗？学 ERP、学小球斜坡理论、学 OEC（全方位优化）管理法。概括起来，基本学的是流程和制度。而现在学管理学什么？薪酬激励、员工持股……基本学的是分配机制。为什么学习重点会有这样的变化呢？分配合理，员工就会有积极性，他们就会发挥主观能动性，从第一线的角度应对市场的变化。近年来，海底捞的成功印证了这一点。这恰恰是管理系统对变化的自我调节发挥了作用。但这种基于基层自动自发的应变，显然是不够的。我们需要一套企业核心团队应对环境变化的系统方式，这是企业经营系统亟待总结的必要性所在。

第二种方式：管理绑架经营。第三种方式：经营压制管理。下面我们结合一个曾经在微信上流传的故事，把这两种方式一起说明。

"董事长你错了！"

会议室的气氛紧张得快要凝固了。

星期一早上 8 点 30 分，董事长决定股市一开盘就抛掉手里所有和房地产以及相关产业的股票。但是，遭到不动产研究部总监的坚决反对。这位总监很直接，"董事长我觉得你错了，理由是一、二、三……"

总监的话，让董事长有些犹豫，毕竟总监说得有一定道理，让听得见炮声的人做决策是他一贯坚持的原则。难道是自己判断失误？如果坚持自己的意见，其他员工会不会觉得董事长太霸道呢？在董事长纠结的时候，股市开盘的时间到了，大家赶紧各就各位开始操盘，而董事长抛售的决定没有形成最后决议得到执行。

一开盘房地产类股票就开始跳水，一泻而下，到收盘的时候，有的甚至跌幅高达 20%。董事长气得直拍大腿，总监如果能够坚决执行他的决定，公司也不会一天损失几千万。

同样的事情也发生在 A 公司的会议室，但是结果不同。

2007 年年底，A 公司的战略会议，决定着 A 公司未来的发展方向。会上，董事长信心满满地宣布 A 公司将投入巨资建立物流派送体系，这意味着 A 公司在很长一段时间内要负债经营。

一名高管马上站起来反对，理由也很充分，尤其是 A 公司作为互联网公司不能做物流这样的重资产观点，得到参会不少人的赞同，有些人甚至觉得董事长这是在"玩火"。会场出现躁动。

董事长平静地说："自建物流配送体系这是我的决定，我今天不是和大家商量，是通知大家，请大家依照执行。"随后，他看着那名高管说："这位先生，我请你来不是证明我的决策是错误的，我请你来是把我的决策落实到位、执行到位。如果有困难，你要想办法完成。"

一星期后，A 公司再开会的时候，大家发现这名高管的位置已经换成了别人。

如今，A 公司能成为举足轻重的互联网企业，凭借的就是每天晚上 11 点前下单第二天上午货品就能送到你手中的物流配送体系。

对于这个故事的真实性，无从考证。但我相信，类似的事情会在很多企业发生。我们曾经就这种现象进行过一定程度的统计调研，发现造成高管团队与老板认识不一致的重要原因之一，就是经营思维与管理思维的冲突。

冲突发生时，如何处理？按照我们的调研，大部分企业会选择第二种方式，也就是经营者向管理者妥协。原因很简单，管理系统的研究已经有 130 年的历史，大部分人的头脑中都是管理思维。此时，老板脑中虽然有一定的经营思维，但他们缺乏对经营的系统性总结，往往说不出个所以然，而是以某种直觉的形态存在。这时，极难说服管理团队。

而经营问题表面上往往又会以某种管理问题的形态存在。高管言之凿凿、有理有据。加之，企业的核心团队中，经营者是少数派，管理者是多数派。经营者在立场不够坚定的情况下，甚至会自我怀疑。所以，明明应该是管理服务于经营，而实际情况却是经营被管理绑架，这才是企业成长中最危险的事。

我们的一个顾问学员谈起当年的创业历程，她最大的教训就是：当时，她想通过清库存减少资金积压，而她所有的高管都不同意。最后导致公司资金链断裂而倒闭。至今说起，仍耿耿于怀。

另一种处理方式，就如同上面故事中的董事长，是经营压制管理的方式。这个需要老板有足够的坚定与自信。其实，这三种方式都不是最佳的选择。最佳的方式是为原来的管理型核心团队导入经营系统思维与操作方法，把管理型的核心团队培养成经营型的核心团队。这也正是我们一直以来努力的方向。

三、养成经营型核心团队

什么是经营型核心团队呢？我们曾经辅导过一家企业，老板姓刘。第一次辅导中有一个环节叫目标共识，我会问核心团队中每一个人，当目标实现时，他最想给自己的奖励是什么？当时，刘总的回答是：休息两三天，做自己想做的事。辅导一年后，他的团队自己定的目标是120%，而且根本没考虑刘总的个人业绩因素。我把这个好消息通过微信告诉刘总，刘总当即回复：好，这才是公司的成长，我也可以调整自己的侧重点了。这 120% 是第四季度超越第三季度，2018 年比 2017 年总体超越 100% 已没有悬念。该企业 2018 年的业绩从 2017 年的 1.5 亿，增长到 3.3 亿。

这是一个从管理型核心团队养成经营型核心团队的典型案例。我写这个案例并不是要说我们的辅导多么厉害，事实上我非常清楚，这样的进步是企业自身强大才能完成的。而企业自身强大的重要标志，就是完成管理型团队向经营型团队的转变。

经营型核心团队的特点是：敢打仗，会打仗，能打胜仗。他们不会像管理型核心团队那样，满足于做到或者做好老板与上司交办的事宜，而是发现可能性，创造更大的价值。我的一个辅导学员是做二手车买卖与改装的，有一次他收了一辆二手车，重新改装后，底价为 90 万元，交给他的团队去销售。如果一个管理型团队能以 90 万～ 100 万元的价格卖出，已经算是完成任务了，因为管理型核心团队的特点是不会自找麻烦。但他的经营团队最终把这辆车卖出了 126 万元的价格。当然，他们改装后的产品确实物有所值。

经营型核心团队的另一个特点是，不仅能充分理解老板的决策，还能从经营的角度参与老板的决策。这就让老板感受到团队巨大的支持力量。从过去自己拉着一个企业前行的艰难中解放出来。看到未来，看到希望。

经营型核心团队还有一个特点就是对机会敏感。很多企业家有一个误区：以为企业家只要舍得与员工分钱，企业就会做大。殊不知企业永远无法分钱，你能分的，从本质上看都是机会。而对待机会，不同的人看法不同。对于做好准备的人，机会可以带来价值和利益。对于没做好准备的人，机会往往带来无形的压力。这就是为什么一些企业实行了员工持股或者导入阿米巴模式，高管却纷纷离职。

如何打造一个经营型核心团队？我们总结为四句话。

第一句：一步到位，无难无易。这相当于把一个根本不会水的人直接扔进水里，让他在游泳中学会游泳。其实，每个人都有经营的天分，如人类有游泳的天分一样。在我们的辅导体系中，我们会直接把经营的课题让学员企业核心团队讨论，并结合本企业制定执行方案。这就是一步到位。

第二句：直指本质，跳脱功利。我们对老板和核心团队辅导时，非常重视对每一个经营策略本质的理解。当你学会了促销如何操作时，也许可以策划一次很漂亮的促销活动，并把促销当成你经营制胜的法宝。当你理解了促销的本质之后，你就会明白：促销是高手的一次亮剑，而每次亮剑都会留下一个空门。促销有十二大空门，被对手抓住一个就可能是致命的。这样才能理解，我们为什么提出"常销为主，促销为辅"的观念，进而感悟曾文正公的用兵精髓：稳战求实，少用奇谋。这就是由术入道的过程，而这必须是跳脱实用主义与功利主义之后，才能领悟的境界。

第三句：确定目标，借假修真。如果有人问你：制定目标重要吗？我相信大部分人都会回答重要。目标之所以重要，并不在于它是否具有挑战性，或者是否可以实现，而在于你必须基于目标进行思考，规划你的落地路径，找到关键动作及相关数据。然后，你就要放下目标，专注做好当下的事。一直活在目标之中，就等于你一直活在未来。

第四句：以道御术，合二为一。在我们辅导的企业中，刚进入辅导系统的企业，会特别在意系统中本企业可以操作和落地的部分，这时他们只是学到了系统的皮。半年后，他们开始明白系统中没用的那一部分的价值，这时他们学到了系统的骨。这就是我在第二句话中谈到的本质。又半年之后，他们会说："老师，其实你没讲的东西，才是最重要的。"我知道他们已经悟到了术后面的道。一个管理型核心团队在这样从实践中练习、总结，再回到实践中印证、提升的过程中，不断打磨将成长为一个优秀的经营型核心团队。

值得一提的是，我们总结的教育理念不仅应用于对老板和核心团队的培养，还可以应用于学生的学历教育。第一只小白鼠就是我的儿子。在三年级时，他的数学明显跟不上，成绩在全班倒数第二。我开始利用假期，帮儿子辅导数学。第一次用 10 天时间，预习了三年级下册全部内容，并完成所有作业。之后，每个假期数学整本书预习与作业，不会超过一周。

第三节　经营与营销

一、营销是经营的重要手段

刚刚接触我们的企业家，会问一个问题：经营是不是就是营销？我通常会反问他们：你如何理解营销？得到的答案往往五花八门，但大体上还是有一个基本的规律：大部分人理解的营销是对外的，是针对市场与客户的。而管理是对内的，是针对企业内部的人员与工作流程。我不想讨论这种理解是否正确，因为无论正确与否，这就是大多数企业家的约定俗成。所以，我会告诉企业家：企业经营不等于营销，营销只是经营的一种手段。

举我们自己的例子就可以诠释这一点。我们的咨询公司是一家与众不同的教育机构，在这里，看不到一丝一毫的浮躁，有的只是从容淡定的经营心态和踏实落地的扎马功夫。企业创立之初，我们就摒弃了经管类培训行业传统的人海战术和高营销成本的商业模式，我们深知在这样的商业模式中，企业投入 10 万元的培训费用，真正花在企业上的成本不会超过 1 万元。更为重要的是，这样一种商业模式必然导致培训机构自身的浮躁，而教育是一个不能浮躁的产业。于是，我们牺牲了快速发展的机会，踏踏实实地从产品研发和市场检验入手，如同褚时健亲手栽下的第一棵橙树。

经过几年的探索与实践，我们终于走出了一条重研发、重交付、重服务、轻营销的发展之路。这正是我们企业的经营策略定位。营销在我们的企业经营中，不仅不是唯一的手段，甚至不是最重要的手段。而谈到营销，我们绕不开一个丰碑式的人物——被誉为"现代营销学之父"的菲利普·科特勒。

菲利普·科特勒对市场营销的定义强调了营销的价值导向：市场营销是个人和集体通过创造产品和价值，并同别人自由交换产品和价值，来获得其所需所欲之物的一种社会和管理过程。按照这个定义，市场营销与大家约定俗成的理解是基本一致的，它是产品和价值自由交换的管理过程。研究的是企业与市场及客户的外部关系。另一个有影响的市场营销定义，来自价值关系理论的提出者格隆罗斯：所谓市场营销，就是在变化的市场环境中，旨在满足消费需要、实现企业目标的商务活动过程，包括市场调研、选择目标市场、产品开发、产品促销等一系列与市场有关的企业业务经营活动。这个定义有点贴近我们对企业经营的理解。满足客户需要，实现企业目标的所有商务活动，当然可以理解为就是企业经营。但这些活动到底包括了什么，哪些才是我们研究的重点，至少后面列举的活动是远远不够的。

最具权威性的市场营销定义来自美国市场营销协会：市场营销是在创造、沟通、传播和交换产品中，为顾客、客户、合作伙伴以及整个社会带来价值的一系列活动、过程和体系。这一定义具有更高的包容度，但同样没有指明这些活动到底包括了什么。

二、德鲁克留给我们的思考

其实，最早向我们提出问题的是管理学鼻祖彼得·德鲁克先生。他曾经有过这样一段描述。

企业只有两项基本职能：市场营销和创新。

真正的市场营销，以顾客为中心，从顾客的实际情况、顾客的需要、顾客的价值观念出发。市场营销提出的问题不是企业要销售些什么，而是顾客想要购买什么。追求的应该是顾客的需求。营销是企业的独特功能。

企业的第二项职能，就是创新，满足顾客不同的需求。对企业来说，只提供商品和服务是远远不够的，它还必须提供更好、更多的商品和服务。企业本身未必一定要变得规模更大、实力更强，但必须能够持续地改进，以变得更好。

最富有创造力的创新，是一种能够形成新的潜在需求，并与以前的产品或服务不同，而且也不是在原有产品或服务的基础上进行的改进。最富有创造力的创新往往要花费更大的成本。

创新不仅仅局限于研究部门，而是涉及整个企业、所有职能部门和所有活动。所谓创新，就是一种使人力资源和物质资源拥有新的、更大的创造财富能力的工作。企业必须掌握创造财富的资源，以达到创造顾客的目的。

大师毕竟是大师。德鲁克所描述的管理，其实远远超过了我们约定俗成对管理的理解。正如同老子所描述的道德，远远超过了我们约定俗成对道德的理解。

德鲁克认为，企业的目的在于创造顾客。企业为了创造顾客，必须做好两件事。一是营销，这是企业的独特功能，是为满足顾客需求服务的；另一项是创新，创新不仅仅是为了更方便、更快或者更好地满足顾客需求，还包括满足顾客的潜在需求，还包括创造客户需求，甚至包括使掌握的资源创造更大的财富。

所以，我们现在提出的企业经营，就可以理解为德鲁克提出的营销＋创新。只不过，我们没有把营销＋创新作为一个答案，而是把它作为大师向晚辈提出的一道考题去思考。研究、实践、调查、论证，总结其中的规律，建立模型和工具，让营销＋创新可以系统化落地操作，这就是我们总结的企业经营系统，也是我们作为一个晚辈对行业的些许贡献。

三、经营商数

为此，我们提出了一个全新的概念——经营商数，是有效运用资源创造最大价值的系统能力，并将企业经营系统落地为六大子系统。进一步分解六大子系统，会得到 26 件事。之后，我们总结了模型和工具，让 26 件事可以一一操作落地。

这六大子系统为经营初始化、盈利模式设计、盈利单元加速、竞争力运作、品牌运作和盈利单元复制。

第四节　战略与商业模式

在本章中，我们讨论了企业成长的四大基本驱动要素：经营系统、管理系统、资源平台和文化系统。与第一章中讨论的企业成长的爬、走、跑、飞四个阶段，共同构成了企业成长的框架。

企业成长框架图

	经营系统	管理系统	资源平台	文化系统
飞				
跑				
走				
爬				

企业家问得比较多的一个问题是：为什么我们耳熟能详的战略或者商业模式，没有涵盖在这四件事中呢？在此，我们回答一下这个问题。

这四大基本要素是对企业成长驱动因素的底层解构，也就是说，这是企业最基本的事情。战略和商业模式是在这四大基本要素的基础上衍生出来的。我们先来谈谈对战略的理解。

一、战略

战略起源于对战争的研究，三个决定战略的基本元素是敌、我与战场，或者说自己、对方与环境。知己知彼，百战不殆，说的是对自己和对方的了解，天时、地利、人和就是在说自己与环境了。

当以自己与环境要素为主考虑时，制定的战略，可以称之为成长战略。当以自己与对手要素为主考虑时，制定的战略，就是竞争战略。

企业成长战略可以分为企业发展战略、企业稳定战略和企业收缩战略。

企业发展战略又可分为一体化发展战略、多元化发展战略和密集化发展战略等。

一体化战略又包括纵向一体化战略和横向一体化战略。获得对经销商或者零售商的所有权或对其加强控制，称为前向一体化。获得对供应商的所有权或对其加强控制，称为后向一体化。获得与自身生产同类产品的企业的所有权或加强对其控制，称为横向一体化。横向一体化又包含并购战略、联合战略等。

多元化战略又可分为相关多元化与不相关多元化。相关多元化，是以现有业务为基础进入相关产业的战略。当企业在产业内具有较强的竞争优势，而该产业的成长性或者吸引力逐渐下降时，比较适宜采取相关多元化战略。不相关多元化的目标是从财务上考虑平衡现金流或者获取新的利润增长点。

密集化战略是指企业以快于过去的增长速度来增加某个组织现有产品或业务的销售额、利润额及市场占有率。包括三种类型：市场渗透战略，即企业采取种种更积极的措施在现有市场上扩大现有产品的销售，教顾客使用产品是目前认为最好的市场渗透战略；市场开发战略是在老产品的基础上，开发新市场；产品开发战略是在老市场的基础上，开发新产品。

企业稳定战略可以分为暂停战略、无变化战略、维持利润战略和谨慎前进战略。企业收缩战略可以分为转变战略、放弃战略和清算战略。

企业竞争战略可以分为竞争定位战略与竞争行动战略。

竞争定位战略又可分为技术领先战略、成本优先战略与差异化战略。技术领先战略以追求产品创新为目标，不懈地研发新产品，为客户提供更优质的产品和服务。引领与创造客户需求，是该类企业独特的价值主张。成本优先战略是以最佳性价比为目标，在保证品质的前提下，提供无与伦比的价格，且购买方便。不断降低客户的购买代价，同时提高行业门槛，是该类企业独特的价值主张。差异化战略是通过与特定客户建立联系，提供他们所需的特定产品或服务解决方案为主要诉求。客户至上是该类企业独特的价值主张。

竞争行动战略是基于各企业的战略位置决定的，又可分为进攻战略、防御战略、迂回战略与游击战略。

进攻战略是挑战者的选择，对强大的行业领导者发起进攻，本身成功概率就不大。《战争论》的作者克劳塞维茨曾经讲过：概率偏向防守者。然而，这却是挑战者唯一的选择。因为，如果不进攻，行业规则就不会出现颠覆性改变，挑战者就永远没有机会。因此，进攻战略的目的是，建立行业新秩序。为了让进攻战多一点胜算，关键点就在于"寻找强点中的弱点，而不是弱点本身"，以及在窄线上发起进攻。在第一章中，我们写到一家企业，他们的竞争对手、大理石行业的领导者，是有自己的大理石矿源优势的，他们以走量为主，这就决定了他们必然走装修公司这样的渠道。而直接面对终端别墅客户，是行业领导者不愿意去做的事，这就是强点中的弱点。而在这样一个狭窄的战线上发动进攻，比照很多挑战者动辄建立行业平台的全线进攻思路，取胜概率就大得多。

防御战略仅适合行业领导者，因为领导者的任务是维持稳定。现有的行业规则一般会对现有的领导者最有利，所以维持稳定就是领导者最佳的选择。当然，维持稳定不是不思进取，因此我们提出：最好的防御是进攻，最好的进攻是向自己开炮。这是一条自我突破的道路。鸡蛋有两种命运：一种是由外而内被打破，等待它的是被人做成一盘菜；另一种是由内而外打破，意味着一个新生命的开始。另外，竞争者发起攻击时，领导者有两次机会切断与反击竞争者：一是，领导者完全可以凭借自己的实力，以更大的规模和投入进行反击；二是，领导者可以选择观望，密切关注竞争者的市场动态，当觉得有利可图或者竞争者构成一定威胁时，再采取反击。反击的策略可以采取模仿的方式，如同当年的宝洁，在洗发领域的产品线已经涉及大部分细分定位，就是在黑发领域始终没有切入。直到奥妮首乌、百年润发等品牌切入黑发市场，宝洁才以润妍品牌切入黑发市场进行反击。另外，领导者发动防御战时，往往会以小股力量投石问路。如曹操发动荆州战役时，就是先派夏侯惇引10万人马兵出博望坡，进攻新野，从战略来讲，这就是曹操的投石问路。

迂回战略的任务是开辟新战场。迂回战向处女地发动，这正是我们的企业采取的竞争战略。这一战略首先需要做好进入行业无人区的准备。我们创新产品，研究并总结企业经营系统的规律及落地工具。在商业模式上，我们没有沿袭行业的老路——靠人海战术取胜，而是建立顾问技术平台。我们与顾问的关系并非雇佣关系，亦非传统意义上的合伙人关系，而是基于未来组织形态的研究和探索，建立的赋能组织。这一切都表明，我们进入了行业无人区。迂回战略如果胜利，将成为行业的一匹黑马。当然，迂回战略最大的代价是试错时间和试错成本。从战争学来讲，迂回战是最具创造性的战争方式，也是得到巨大胜利的最佳战争方式，需要领导者有能力在战争发生前看清战争进程的每一步，并做出相应规划。同时，根据战局的变化随时调整部署。所以，产品与市场分割的独特性与领导者的前瞻性，是迂回战成功的保证。另外，有足够的资源和预备队，保证乘胜追击、扩大战果，也是制胜的关键。

游击战略是以骚扰、搅局的方式来获得浑水摸鱼的机会和斩获为主要意图的战略。其制胜的关键点为以下三个：人为缩小战场，以达到集中优势兵力的目的；快速反应的能力；不拼消耗，随时准备脱离战场。

从以上我们对战略的分析中不难看出，战略是在一定实力基础上，对资源和市场的争夺。战略并不是企业最基本的事情，而是建立在资源争夺基础上的经营行为。

二、商业模式

如果说战略是建立在资源争夺基础上的经营，那么商业模式则是建立在资源共享基础上的经营。战略起源于对战争学的研究，商业模式则起源于对生态学的研究。

关于商业模式，似乎有这样一个故事：一个企业家到国外洽谈上市事宜，被问及企业的商业模式。由于当时国内对这方面的研究比较少，企业家一时无法理解。于是，对方就举了一个例子：如果我给你3元钱，经过你的企业变成了10元钱。这多出来的7元钱，产生的逻辑是什么？这就是商业模式。因此，商业模式简单的理解就是，资源转化价值的商业逻辑。

这种商业逻辑对于传统的企业非常简单，简单到只需要买卖、加工等几个环节。但随着近年来商业环境变化巨大，这种商业逻辑也趋向于复杂。越来越多的利益相关者进入企业价值创造系统，也就必然参与价值分配。因此，魏炜教授在合著的《商业模式学原理》一书中，将商业模式诠释为利益相关者的交易结构。这从一个全新的角度指明了商业模式创新的关键点和操作难点。

随着对商业模式领域不断地实践与探索，越来越多的人从不同的视角诠释着商业模式。我们总结了前辈的经验与教训，提出了对商业模式的独特定义：通过有效的资源配置和合理的交易结构，实现价值创造最大化的商业逻辑。我们认为商业模式的本质是一套商业逻辑，具体包含商业前提、商业驱动力、价值创造链和盈利能力四个方面。实现商业模式的基本手段为资源配置与交易结构。我们总结了资源的三大定律：第一定律，资源是流动的，任何壁垒无法阻止资源的流动；第二定律，资源向转化率高的方向流动；第三定律，资源不会直接产生价值。交易结构体现为智慧分享、利益分配、责任分担的平衡关系。价值创造最大化则是商业模式实现的目的。首先，商业模式必须实现价值创造，而非价值转移。换言之，良性的商业模式必须是价值增值过程，而不是零和游戏。最大化则体现在成本结构、收入结构、利润结构及现金流结构等方面。由此，我们提出了商业模式转型与升级的落地操作模型。通过商业模式六大发力点寻求突破口，转型与升级共计八个步骤的落地操作模型。

本章精髓

1. 企业成长四大基本驱动要素：

（1）经营系统决定企业是否盈利。

（2）文化系统决定人心的连接。

（3）管理系统决定组织的效率与可控性。

（4）资源平台决定企业成长的后劲。

2. 企业一体化关系系统的三个重要角色：

（1）投资者。

（2）客户。

（3）员工。

3. 组织的全部难点，在于如何锤炼出一支有"共同文化"的种子选手队伍。

组织积聚一批高素质的人并不难，难的是如何使之有共同的"使命追求"，并历尽磨难，成为有共同文化的自觉战士。

4. 组织的构建是一个漫长的过程。

这是一个伴随着从个别人觉悟到少数人觉悟，再到更多人觉悟的过程，其中包含着一系列的劝说、引导、示范、修正与改进，以及制度化与规范化的过程。

5. 管理本身没有目的，管理唯一的目的是实现"经营"的目的。

6. 管理对经营的支持体现在两个方面：一是效率更高，这主要靠能力的训练完成；二是让经营处于可控的状态，也就是风险最低。

7. 管理是手段，经营是目的；经营关注效益，管理关注效率。

8. 顾问分两类：

一类称为先知式顾问，一类称为辅佐式顾问。先知式顾问喜欢先调查诊断，然后出方案，再让企业执行方案。这正是传统咨询公司的做法。这套方法越来越不适用了。而辅佐式顾问则如同军师，他会随同企业一起上战场。根据战局的瞬息万变，调整企业的布局、策略、打法甚至组织形态，这就是用不确定性方式解决不确定性问题。

9. 处理管理与经营矛盾的三种方式：

（1）靠管理系统的自我调节。

（2）管理绑架经营。

（3）经营压制管理。

10. 经营型核心团队的特点：

（1）敢打仗、会打仗、能打胜仗。他们不会像管理型核心团队那样，满足于做到或者做好老板与上司交办的事宜，而是发现可能性，创造更大的价值。

（2）不仅能充分理解老板的决策，还能从经营的角度参与老板的决策。这就让老板感受到团队巨大的支持力量。

（3）对机会敏感，具有把握机会的能力，可以把机会变为价值和利益。

11. 经营商数是有效运用资源创造最大价值的系统能力。

12. 经营六大子系统：

（1）经营初始化。

（2）盈利模式设计。

（3）盈利单元加速。

（4）竞争力运作。

（5）品牌运作。

（6）盈利单元复制。

13. 战略起源于对战争的研究。

三个决定战略的基本元素是敌、我与战场，或者说自己、对方与环境。

14. 企业战略三要素与战略类型：

	成长战略		
环境	发展战略	稳定战略	收缩战略
	一体化战略 多元化战略 密集化战略	暂停战略 无变化战略 维持利润战略 谨慎前进战略	转变战略 放弃战略 清算战略
对方	成本优先战略 技术领先战略 差异化战略		进攻战略 防御战略 迂回战略 游击战略
	定位战略		行动战略
	竞争战略		

自己

15. 资源的三大定律：

（1）资源是流动的，任何壁垒无法阻止资源的流动。

（2）资源向转化率高的方向流动。

（3）资源不会直接产生价值。

16. 商业模式必须实现价值创造，而非价值转移，良性的商业模式是价值增值的过程，而不是零和游戏。

17. 商业模式与战略的对比：

	商业模式	战略
研究对象	资源	资源
策略起源	生态学	战争学
信念	个体与环境一元论	个体与环境二元论
目标	资源创造价值最大化	掌控资源
成果	创造全新价值空间，建立互利共生的生态系统	打败竞争对手
手段	共存共生	臣服或者斗争
产品观	商业模式的载体	竞争的武器
市场观	无限	有限
竞争观	共赢	零和
技术手段	顶层设计	战略地图
视野	行业与产业	企业与对手
适用	转型升级	稳定发展

第三章

一念既出，万山无阻；半山听雨，显化乾坤

上一章，我们讨论了企业成长的四大驱动要素——经营系统、管理系统、资源平台和文化系统。这是企业与企业家成长地图经度的"事"的部分。本章的重点是人的部分，即企业家成长。

第一节　企业就像一棵树

　　曾看到这样一个段子。唐僧每次路过一个国家都这样介绍自己：贫僧唐三藏，从东土大唐而来，去往西天拜佛求经。这三句话包涵了人生重要的三个问题：我是谁？我从哪里来？我要到哪里去？

　　其实这三个问题，不仅对每个人非常重要，对每家企业也尤为重要。上一章中，我们引用德鲁克的观点，讨论了"我是谁"的问题，这一问题对于完成企业从"爬"到"走"的飞跃，至关重要。本章，我们讨论的重点是"企业从哪里来"的问题。

　　我经常会问企业家这样一个问题：在你的企业创立之前，这家企业在哪里？企业家们开始总会不知所云，然后会心一笑告诉我：在他们的头脑里或者心里。其实，所有企业都是从一个想法开始的。如果我们把企业比喻成一棵参天大树，这个想法就是这棵树的种子。大多数人的想法往往一闪即逝，因此想创业的人往往比真正创业的人多很多。而真正创业的人与想创业的人最大的区别就是这个想法的坚定程度。

当一个人对这个想法十分坚定时，就会形成定念或者信念。当一个想法成为一种信念时，它就会给人带来一种内在的力量。这种力量不是把你的意愿强加到别人身上的能力，而是由心灵动机构成的能量。这种力量对自己体现为一种驱动力，对周围的人体现为一种影响力。《像物理学家一样思考》的作者盖瑞·祖卡夫称这种力量为心智力，也就是我们通常所说的气场。如果我们把信念比喻成大树的种子，这种心智力或影响力就是深深扎在土壤中的树根。

企业就像一棵树

我们认为，在企业成长的不同阶段，企业家需要突破和重点培养的心智力也是不同的。比如企业在"爬"的阶段，激情和承诺这两种心智力尤为重要，它们将有助于企业家完成企业经营的初始化，在这一阶段企业将经历一系列的试错过程。同时这一阶段企业人、财、物各方面的资源又是不足的，如果一个企业家没有足够的激情和承诺，对所从事的工作没有热爱，或者不愿意付出足够的努力，那他很难闯过这一关。而且，一般来说，未来成就的事业越大，初期经历的挫折越大；商业模式越新，试错的时间越长。再比如企业在"跑"的阶段，发展的重点是做大做强，企业会面临很多的机会和合作，需要搭建资源平台。这时建立共赢与欣赏的心智力就成为企业家成长的主要课题。

企业家的心智力对自己体现为内驱力。这种内驱力促使企业家完成角色的转变与核心特征能力的升级，这种转变与升级是通过自悟、喊救命、系统学习三种方式实现的。三种方式中，自悟是最耗时耗力，同时也是对自身条件要求最高的。当然，凡事有弊必有利，这种方式相对比较踏实。喊救命就是求助于人。一般方式为聘请专业顾问、教练或者咨询师、策划师等企业家辅佐人才，对自己和企业进行针对性的辅导和训练。这一方法省时省力，缺点是投入较高。三种方法中，性价比最高的方式是系统学习。

现实里有一个令很多人不解的现象，就是很多企业家往往学历不高。有人据此甚至提出读书无用论。其实，这种观点是非常片面的。多年来，我们在辅佐企业家成长的过程中发现，真正优秀的企业家，尤其是以心智力为内驱的企业家，在学习与成长中，有很多异于常人之处。现总结一下，供读者朋友们参考。

一、在游泳中学习游泳、在战争中学习战争

企业家更注重在实践中学习、在学习中应用、在应用中总结、在总结中实践的循环学习方式。一般人是先学习后应用的。例如：如果一个企业招聘销售人员，通常要经历一周甚至一个月的培训，包括产品、企业、行业、竞品、销售技巧，甚至包含产品加工制造过程的实习等。而老板往往是没有经过岗前培训就上岗的，他们不是先学习后应用，而是一切以实践为先导。这是企业家学习的特点。实践、学习、应用、总结，在经历中共同完成。这也是企业家建立起以心智力为基础的内驱力的体现，没有这样的内驱力，这种学习方式几乎无法达成。

二、关注系统学习，而不是点式突破

如果说在实践中学习是所有企业家学习的特点，那么系统学习就是

优秀企业家与普通生意人的区别。普通生意人愿意寻求点式突破：如何促销？如何员工持股？如何选人？如何做免费模式……而优秀的企业家更愿意通过学习掌握系统的思维、框架、方法与落地操作。这两种学习方式的不同，本质上是企业家定力的体现。当然，也是浮躁与务实两种心态的写照。

三、关注核心特征能力的养成，而不仅是知识积累

时下，各大读书会盛行。这无疑是一大好事。但深入探索，也有一些隐忧。我曾与一些读书会的会员聊天，发现他们大多是一些企业的白领阶层。一方面，他们有着强烈的危机感，觉得不学习就会被时代淘汰；另一方面，他们又是迷茫的，不知道应该学些什么。与他们的对话，使我脑海中总是呈现出一个画面：一只小猫追着自己的尾巴不断地原地转着圈圈。也许绝大多数人的一生，就是在这样的寻寻觅觅中度过的吧。

以心智力为内驱的企业家并不排斥这种知识积累，他们往往更知道自己每个阶段的学习重点。他们学习的指向性更强，他们明白一个道理：知识积累只是一种手段，而学习的真正目的是养成这一阶段的核心特征能力。

以上是企业家学习的三个特点，也是企业家心智力的体现。当企业家通过心智力的养成，不断完成各阶段角色的转变和特征能力的提升后，他们的行为特点也在发生着相应的变化。这种行为落地于企业成长的四大驱动要素——经营系统、管理系统、资源平台和文化系统时，就会在参天大树上结下累累的硕果。这就是从企业家成长到企业成长的显化历程。

第二节　树种——想法与信念

有这样一个刀客比武的故事：甲乙两大高手持刀相向，双方一拔刀，乙脸上就挨了一刀。问：何因？答：无势。意思是说：你拔出刀来，讲究摆个势，再进攻，而我无势，出手就一刀。所以，你中刀。

好，咱们再来。双方还刀入鞘，结果一抽刀，乙又挨了一刀。问：何因？答：刀短。一寸长一寸强，一寸短一寸险。水平相当，我的刀比你短，拔刀快，出鞘早，先发先至。所以，你中刀。

再来，结果乙又挨了一刀。问：何因？答：刀弯。你的刀是直的，我的刀是弯的，带弧线。直刀拔出来需要改变方向，弯刀不用，随手一刀，攻击到敌人身上的时间短。所以，你中刀。

再来，双方拔刀，乙又挨一刀。问：何因？答：刀轻。刀轻，运转灵活，速度快。所以，你中刀。

再来，双方再次拔刀，乙又挨一刀。问：何因？答：刀快。乙刀客不太服气地说：断物以证。意思是说：你说你的刀快，我们找块木头来，看看谁能劈断。甲刀客说：这不是比刀快，是比力气大。如果你想比刀快，有一个方法：咱们把刀插在溪流中，上游扔一把水草，水草到刀这儿，一分为二，这叫快。

于是，乙刀客把刀插在溪水里，从上游扔一把水草，水草一分为二，过刀。甲刀客说：看我的。他也把刀插在水里，上游扔一把水草，顺流而下，结果挂住了。乙刀客说：看看，明明是我的刀快。甲刀客说：快，不是最重要的，重要的是听话。甲刀客喝道：过。这声音产生的震动让水草一分为二，过刀。甲刀客说：我的刀听话，可人刀合一。所以，你中刀。

在这个故事中，甲乙两大绝顶高手其实根本不是比试刀法，而是比对刀的哲学认知和理解。确切地说，比的是想法。这不禁使我想起王家卫《一代宗师》中的一个著名桥段：八卦掌宗师宫宝森与叶问不比武功，比的就是一个想法。

什么是想法？就是一念。念的本质就是一个能量波。决定这一念能量高低的因素，无非两个：一是念的频率高低；二是念的坚定程度。

什么是念的频率高低？再举例。几乎所有中国人都知道这样一句话：好钢用在刀刃上。马未都先生认为正是这个想法毁了中国刀。好钢用在刀刃上，在工艺上就是取巧，刃用钢，硬度高，适合切割，刀背和刀身用铁，这样的工艺很难做到刃材刚柔兼备，成品刀剑肯定落在下乘。好钢用在刀刃上，那么不好的钢就用在看不见的地方。中国的刀剑，唐代之后为什么精品少？就是因为吃了这个亏。反观大马士革的匠人、日本的匠人、马来的匠人，他们没有好钢用在刀刃上的概念，也没有采用这个工艺，精益求精，终于做出了世界上的三大名刃。

《乔布斯传》里讲到乔布斯父亲做衣柜时，把人们不能看见的几块板也用好木料、好做工，不能因为人们看不见就凑合。这和我们"好钢用在刀刃上"的理念截然相反。

这就是想法的频率高低。对于企业来讲，这个念的频率问题就是企业家创立企业的初心。那什么样的念频率高呢？越顺应自然，频率越高；

越背离自然，频率越低。真的永远比假的频率高。

影响念能量高低的第二个因素，就是对这个想法的坚定程度。我们大部分人的念是不足够坚定的，一闪即逝，可以称为闪念或碎念。这样的念头不会对人生产生什么太大的影响。当对一个念足够坚定时，这个念就成为一种定念或者信念，就会产生力量。用《一代宗师》的台词就是：一念既出，万山无阻；念念不忘，必有回响！这就是种子的力量。

第三节　树根——心智力

没有一个人将小草叫作大力士，但是它的力量的确谁都比不上。这种力是看不见的生命力。只要生命存在，这种力就要显现，上面的石块丝毫不能阻挡它，因为这是一种长期抗战的力；有弹性，能屈能伸的力；有韧性，不达目的不止的力。

这段文字对大多数中国人并不陌生，出自夏衍先生的《种子的力》，这篇文章曾被编入小学语文课本。

有了信念这颗种子，就滋生了企业家心智力的根。盖瑞·祖卡夫在他的《心智力》一书中提出，心智力是由心灵动机构成的能量。在普通人看来，心灵动机不会有什么作用，只有行为的作用才能带来物质性的变化，而且不是所有的行为都会影响自己或他人。真正活出心智力的人懂得行为背后的动机决定了行为的效果，且动机能给自身和他人都带来影响，甚至后果不仅仅是影响物质世界。

如前所述，这种力量对自己体现为一种驱动力，对周围人体现为一种影响力。作为内驱力，它促进了企业家角色的转变和特征能力的提升。对普通人而言，角色的转变和特征能力的提升难度极大，有人终其一生也很难有所突破。如果没有心智力作为根基，完成这样的提升是不容易的。这在前文中已经有所讨论。那么，作为对外的影响力，心智力又有哪些特点呢？

首先，这样的影响力并不具备时间的属性。比如，某个人具有很强壮的身体，这个人可能就具有某种影响力，但这种影响力会随着时间的推移而消失。再比如，一位美女明星在她的粉丝中可能具备某种影响力。同样，这样的影响力也会随着时间而消失。但如果一个具有责任心或者付出心智力的人，她的影响力却像陈年的老酒，随着时间的沉淀和积累，历久弥新。

其次，任何一种能量都是流动的，也就是存在着获得与释放的过程。心智力不是零和的产物，而是创造的结果。这种能量不是靠争夺而来的，而是来自天赋及使命。

心智力最终会以爱的方式释放能量，并实现传承。我们曾经不止一次体验过力量的流失。当你怒斥不公平时，你失去了力量；当你被他人所威胁时，你失去了力量；当你渴望得到某人或某物时，你失去了力量……所有这些的背后是恐惧。当能量以恐惧的方式离开你时，只能给你带来不适和痛苦。一个真正有力量的人只会以爱的方式释放能量。《一代宗师》中，宫宝森将一代宗师的位置让给叶问，实现了传承时所说："叶先生，今日我把名声送给你，往后的路，你是一步一擂台。希望你像我一样，凭一口气点一盏灯。要知道念念不忘，必有回响，有灯就有人！"叶问也是那个能够把武林香火和血脉传承下去的人。影片最后，古刹佛前，青灯点亮。灯即是香火，也是血脉。叶问"一生传灯无数，咏春因他而盛，从此传遍世界"。

对企业家，我们总结了11种心智力。在这里，我们先来列举一下，随着本书的展开，再依次介绍。这11种心智力为：激情、承诺、责任、信任、共赢、欣赏、付出、感召、宽容、好奇、可能性。

第四节 树干——角色与特征能力

一、角色转化与舒适区

我们这里所谈的角色，特指一个企业家在企业发展的不同阶段需要承担或者扮演的角色。普通人的角色定位是很难跳脱与改变的，这也是员工与老板的区别之一。举个例子：某甲是一家公司的市场总监，假使这时有一个人到公司应聘，他是否会先和应聘者聊几句呢？一般不会。他会告诉应聘者去人力资源部，因为这不是他的角色。同样，扫地阿姨病了，今天没来上班，某甲会主动扫地吗？通常不会，他甚至不会发现今天没人扫地。因为他觉得这不是他的事。但老板遇到上面两件事，其处理方式也许与某甲完全不同。原因很简单，老板的心里会有一个声音：凡是这个公司发生的所有事都与我有关。所以，他也许会在人力资源经理没在时，与应聘者闲聊上几句；在扫地阿姨没来上班时，把地扫干净。角色转换非常容易，这就是以心智力为内驱的表现。更重要的是，当角色转换时，与之相应的特征能力是不同的。活出心智力的企业家会激发自身的潜能，或自悟或主动寻求提升特征能力的方法，其学习的速度和精准度、指向性，都较员工更快、更强。这就是很多老板并非某个行业出身，但在这个行业创业，往往能快速上手的原因。

普通人角色转换难的原因是不愿走出舒适区。美国人诺尔·迪奇提出了一个很有趣的舒适区三圈模型，参见下图。

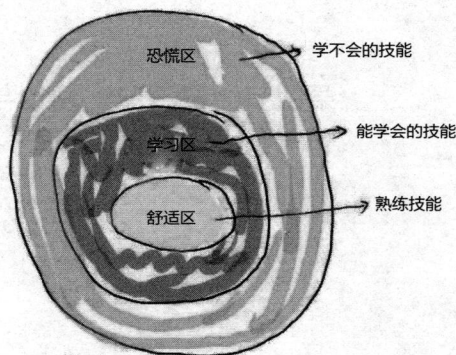

最里面一圈——"舒适区"，是没有学习难度的知识或者习以为常的事务，可以使自己处于舒适的心理状态。中间一圈——"学习区"，对自己来说有一定挑战，因而感到不适，但不至于太难受。最外面一圈——"恐慌区"，超出自己能力范围太多的事务或知识，心里会感觉严重不适，可能导致崩溃以致放弃学习。

在舒适区，我们得心应手，每天处于熟悉的环境中，做在行的事情，和熟悉的人交际，甚至你就是这个领域的专家。但学到的东西很少，进步缓慢，而且一旦跳出这个领域，面对不熟悉的环境及变化，你可能会觉得有压力，无所适从。

学习区里面是我们很少接触甚至未曾涉足的领域，充满新颖的事物，在这里可以充分地锻炼自我、挑战自我。比如，学习中，接触另一个专业的书籍；工作中，切换到另外一个岗位。

在恐慌区我们会感到忧虑、恐惧，不堪重负。比如，在公共场合演讲，或者从事一些危险的极限运动。

由于每个人性格喜好各有差异，各个区域之间的界线并不是绝对的。比如，蹦极对我来说属于恐慌区，但可能位于你的学习区。心理学研究结果表明：只有在学习区内做事，人才会进步。尝试新鲜事物，探索未知领域，能开拓思维和开阔视野，激发潜力。

而人成长的过程，就是舒适区不断扩大的过程。每次你去尝试新的挑战，你就能对一件新的事情感觉适应和舒服，不再紧张害怕。所以，扩大舒适区，前提是能够主动地跨入新的学习区，并把学习区转化为你的舒适区。

舒适区之所以让我们沉迷其中难以自拔，有三个原因：一是当下的舒适，这是动物的原始本能。二是对未来的恐惧，人们对未知都怀有某种恐惧。马克·吐温曾经说过："我曾经有很长一段时间生活在恐惧之中，但是事实上大部分我所忧虑的事情并没有发生。"三是过往的感受，每个人都有属于自己的过往，其中夹杂着各种喜怒哀乐，有春风得意的巅峰，也有暗无天日的低谷，我们会做出很多正确的决策，也会出现很多低端的失误。这些都是我们人生的一部分，如果我们能够从中总结经验，代表着我们的成长。一个人不能过于沉湎过往，过去无法回头，过于沉浸只会让我们迷失，只会不断消耗我们的时间和精力。

因此，跨出舒适区需要勇气，需要自信，需要作出改变。这种跨出舒适区的力量正是来自心智力所产生的内驱力。

二、曹操与彼得

我被举为孝廉时，年纪很轻，自以为不是那种隐居深山而有名望的人士，恐怕被天下人看作是平庸无能之辈，所以想当一个郡的太守，把政治和教化搞好，来建立自己的名誉，让世上的人都清楚地了解我。所以我在济南任职时，开始革除弊政，公正地选拔、推荐官吏，这就得罪了那些朝廷的权贵。因而被豪强权贵所恨，我恐怕给家族招来灾祸，所以托病还乡了。

辞官之后，我在谯县东面五十里的地方建了一学社，打算读读书、打打猎，想老于荒野、不被人知，断绝和宾客交往的念头。但是这个愿望没有能实现。

后来我被征召做了都尉，又调任典军校尉，心里就又想讨贼立功了。希望得到封侯，当个征西将军，死后在墓碑上题字："汉故征西将军曹侯之墓"。这就是我当时的志向。然而遇上董卓犯上叛乱，各地纷纷起兵讨伐。这时我完全可以招集更多的兵马，然而我却常常裁减，不愿扩充；之所以这样做，是因为兵多了意气骄盛，要与强敌抗争，就可能重新引起祸端。所以汴水之战时，我部下只有几千人，后到扬州再去招募，也仍不过三千人，这是因为我本来的志向就很有限。

后来我担任兖州刺史，击败了黄巾军，收编了三十多万人。再有袁术在九江盗用皇帝称号，衣冠服饰都按照皇帝的制度，有人劝说袁术立即登基，向天下人公开宣布。袁术回答说："曹公尚在，还不能这样做。"此后我出兵讨伐，擒拿了他四员大将，抓获了大量部属，致使袁术势穷力尽，瓦解崩溃，最后得病而死。待到袁绍占据黄河以北，兵势强盛，我估计自己的力量实在不能和他匹敌；但想到我这是为国献身，为正义而牺牲，这样也足以留名后世。幸而打败了袁绍，还斩了他的两个儿子。还有刘表自以为是皇室的同族，忽进忽退，观察形势，占据荆州，我又平息了他，才使天下太平，自己当上了丞相。作为一个臣子已经显贵到极点，已经超过我原来的愿望了。

这是曹操《述志令》的一个片段，叙述了自己早年的志向和几次重大的角色转变。从少年得志，但自知非名士，只想做一个郡守，先在政治教化中树立声誉，到东山再起，希望在讨贼立功中封侯，再叙述自己先后消灭袁术、袁绍、刘表的历史功绩，同时说明自己目前虽身为丞相，但已远远超越了最初的志向，因此也不会再有更大的野心。

曹操的这些角色转换，似乎顺理成章、水到渠成，但仔细想来，哪一次角色的转换，不需要经历未知领域的学习提升、心路历程的痛苦煎熬，甚至是生死的考验与折磨。如果没有以心智力为内驱，是不可能顺利完成的。

普通人面临如此角色转换，会怎么样呢？管理学家劳伦斯·彼得通过对成百上千个组织中不能胜任的失败案例的分析，归纳出了彼得原理（The Peter Principle），其具体内容是："在一个组织中，每个职工趋向于上升到他所不能胜任的地位。"

彼得指出，每一个员工由于在原有的职位上工作成绩表现好（胜任），就将被提升到更高一级的职位；其后，如果继续胜任，则将进一步被提升直至到达他所不能胜任的职位。由此，他推论：每一个职位最终都将被一个不能胜任其工作的职员所占据。层级组织的工作任务多半是由尚未达到不胜任阶层的员工完成的。

彼得原理让我们每个人对自己和周围其他人的工作、生活现状进行了深深的反思。那就是一个人的工作和生活的终极目标究竟是实现自我价值还是收获职位金钱？可悲的是，现在大多数人都以后者为自己的终极目标，他们往往没有发现，其实真正成功的人总是以前者为终极目标，通俗讲就是他们是把工作和兴趣紧密结合在一起，以激情为工作的内驱。而现实中我们总能发现这样的情况：一个不善言谈、喜好技术的工程师迫于家庭、社会的世俗压力而努力地向上爬，最终爬到了管理岗位，却因为与自己的性格和爱好不匹配，导致压力剧增，长期处于心理和生理的亚健康状态。类似这样的错位现象比比皆是，可怕的是，不仅向上爬的员工是这样的心理，连已经身居高位的领导者也是这样的思路，他们认为对下属最大的奖励就是提拔和晋升，而无视每个人不同的个性、兴趣和特质。

这其实就是有无心智力为内驱的不同表现。我曾与一些老板和职业经理人分别探讨了角色与能力提升的问题，多半职业经理人认为，角色是关键要素，角色决定了能力提升的动力以及不同的行为表现。这就是屁股决定脑袋的理论，即：你的思考方式由你所处的位置、所站的角度决定。但大部分老板有不同的人生经验，他们懂得角色是可以转变的、可以争取的，能力是可以提升的。而且，正是不同的内驱力决定了所有这一切。其实，这没有对与错之分，只有不同的心路历程和不同的心理感受。如果你是一个女人，你愿意要一个基于角色而不出轨的老公，还是一个基于爱而不出轨的老公呢？哪一个给你创造了更美好的心理感受呢？答案是毋庸置疑的。这就是有无内驱力的区别。

三、特征能力

20 世纪 50 年代初，美国国务院感到以智力因素为基础选拔外交官的效果不理想，许多表面上很优秀的人才，在实际工作中的表现却令人非常失望。在这种情况下，麦克里兰博士应邀帮助美国国务院设计一种能够有效地预测实际工作业绩的人员选拔方法。麦克里兰博士抛弃对人才条件的预设前提，从第一手材料出发，通过对工作表现优秀与一般的外交官的具体行为特征的比较分析，识别能够真正区分工作业绩的个人条件。

1973 年，麦克里兰提出了著名的"冰山模型"，将个体素质的不同表现划分为表面的"冰山以上部分"和深藏的"冰山以下部分"。"冰山以上部分"包括基本知识、基本技能，是外在表现，是容易了解与测量的部分，相对而言也比较容易通过培训来改变和发展。而"冰山以下部分"包括社会角色、自我形象、特质和动机，是内在的、难以测量的部分。它们不太容易通过外界的影响而改变，却对人员的行为与表现起着关键性的作用。

我们这里所说的特征能力并不是指冰山以上部分的能力或技能，不是指个体能运用专业知识去解决具体问题的能力。例如：一位会计运用专业知识完成账务处理工作。特征能力的提升并不能单纯地依赖知识的累积，因为知识积累往往具有以下特点：由他人系统提出；定义十分清楚；从一开始就提供了解决问题所需的信息；仅有一个正确答案，并且也只能通过一种方法去获得；脱离个体日常生活；几乎没有个人内在利害关系。

特征能力是冰山以下的部分，是我们对不同阶段的优秀企业家与一般企业家思考问题、认识问题、解决问题的思维模式与行为模式，进行一系列的对比分析而提出的概念。特征能力不能从其他人那里直接获得，但可以进行系统学习，并通过不断实践、感悟与总结获得。只有一个人认识问题的角度和解决问题的层面发生改变时，才能从根本上促使特征能力的提升。

　　为便于掌握，我们把企业家的特征能力分为四个层面：创新工作者、系统工作者、战略工作者和取势工作者。随着本书的展开，我们会对此详加说明。值得一提的是，促使特征能力提升的内驱力仍然来自企业家的心智力。

第五节　树枝与果实——行为与成果

一、信愿行

无论角色发生怎样的转变，特征能力如何提升，当你没有行为时，也不可能有结果。在优秀的企业家身上，我们看到了一种共同的特质，我们称之为信愿行的能力。这是一种快速决定、立刻行动的特质。

有人向禅师请教："我想学禅，体悟人生真谛。我应该从哪里开始做起呢？""这里。"禅师边说边用木棍在地上画了一条线。那人大惑不解地问："这里是哪里？"禅师当头棒喝道："这里就是此人、此时、此地。"

有人曾讲过一个他儿时的故事。他6岁时，有一天走在树下，突然有个鸟巢掉在他的头上，从里面滚出一只小麻雀。他很喜欢它，于是连同鸟巢一起带回了家。他走到门口，忽然想起妈妈不允许他在家里养小动物，只好轻轻地把小麻雀放到门后，然后急步走进屋内，请求妈妈的允许。在他的哀求下，妈妈破例答应了他的请求。他兴奋地跑到门后，可小麻雀已经不见了，一只黑猫正意犹未尽地擦拭着嘴巴。这件事让他得到了一个很大的教训：只要自己认为对的事情，不可优柔寡断，必须马上付诸行动。

　　不能做决定的人，固然没有做错事的机会，但也失去了成功的可能。成功没有秘诀，就是要在行动中尝试、改变、再尝试……直至成功。北宋诗人陆游的"纸上得来终觉浅，绝知此事要躬行"，就是这个道理。

　　世界上牵引力最大的火车头停在铁轨上，只要在它的车轮前面塞一块小木块，这个庞然大物就无法动弹。然而，一旦这个火车头开始启动，小小的木块就再也挡不住它了。当它的时速达到 160 千米时，钢筋混凝土墙也会轻而易举地被它撞坏。火车头的威力变得如此巨大，只因它开动起来了。

　　所以，我们不止一次地与企业家交流：仗要先打起来，战局才会发生变化。孙悟空是在取经的路上找到的，猪八戒是在取经路上找到的，沙僧与白龙马也是在取经路上找到的，关键是你要先上路。

二、解忧杂货店

　　当企业家信愿行能力不足时，就体现为犹豫和纠结。人类所有的烦恼皆来自纠结，内心的纠结是能量损耗的来源，而纠结的原因是念不定。东野圭吾有一部著名的小说《解忧杂货店》，该书讲述了僻静街道旁的一家杂货店主人浪矢爷爷，通过牛奶箱为在生活中面临不同纠结的人解忧的故事。作为一名职业咨询顾问，我对此深有感触，甚至可以说，某种意义上我就是一名职业的解忧人，在行业内已经 17 年了，虽然解决问题的领域略有不同，但无论从问题的本质还是解决思路上，都大同小异。区别仅在于咨询我的朋友，大部分是企业家，他们的纠结多数与企业发展有关。在此，结合《解忧杂货店》这本书和我们多年来培养专业顾问的技术和经验，谈谈我是如何帮助咨询者走出纠结的，或许能给读者朋友们一些启发。

三、自我认识是一切动力的源泉

跳出纠结状态的唯一方式就是知道自己要什么。绝大多数人其实不知道自己真正想要的是什么。而帮助咨询者知道自己真正想要的东西，真正认识自我，正是解忧人的责任。

鱼店音乐人曾纠结是坚持音乐梦想还是继承家业鱼店？一个关键点就是自己是否具备足够的音乐天分。经过与杂货店解忧人多次咨询，鱼店音乐人重新审视自己，其实他知道自己的音乐天分是不足的，只是一直不肯面对。当他能够清晰地认识自己时，问题就变成了："在自己音乐天分不足的情况下，还要不要坚持下去？"这时，他在咨询信中写道："我意识到了我真正的烦恼是什么？"对这个问题，他的回答是肯定的。

一个人有了清晰的自我认识，他的念就定了，动力就产生了。于是，他抱持着"即便失败了，也要留下足迹"的信念，以极大的动力再次投入工作，最后活出了小概率的可能性，作品得以流传后世，努力没有白费，终于留下了足迹，为此他也付出了生命的代价。

作为解忧人，我经常会问咨询者一些问题。如：你真正想要的是什么？这个问题对你重要吗？解决这个问题，对你意味着什么？如果这个问题长期无法解决，结果会怎么样？你曾试图解决这个问题吗？你曾采取过哪些方式？效果怎么样？如果有办法可以解决这个问题，你愿意付出什么代价？多少时间？多少金钱？多大精力？

这些问题的目的，都是为了帮助咨询者清晰认识自己，找到自己真正想要的。我把上面这类问题，统称为顾问黄金问话，也是我们培养专业顾问的问话技术。

四、拨开自我认识的迷雾

是什么阻碍着人们正确地认识自我呢？内在原因是人类的核心恐

惧，外在表现为无明。

　　人类有三大核心恐惧（参见下图）：一是害怕失去自我控制。内在对话：我是不能错的。当事物没有按照预期发生时，往往会通过斗争，强迫结果发生。其本质错误在于越控制越失控。只有把自己全然交托给宇宙，才能联通宇宙的大能，获得真正的智慧。二是害怕被拒绝、被否定。核心恐惧是，我是不被爱的。于是，特别需要别人的认同来证明自己的存在。其本质是在错误的地方寻找自我。因为爱与别人无关，爱是全然接受自己后，自由的行动。三是害怕孤独。核心恐惧是，我是被分离的。于是，隔离自己的感受，把阴影从自己的意识之中分离出去，用指向别人的手指——评判，代替自己的真实感受。

人类三大核心恐惧

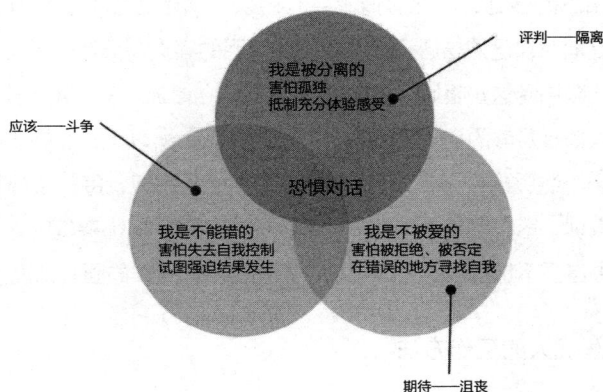

评判——隔离

我是被分离的
害怕孤独
抵制充分体验感受

应该——斗争

恐惧对话

我是不能错的
害怕失去自我控制
试图强迫结果发生

我是不被爱的
害怕被拒绝、被否定
在错误的地方寻找自我

期待——沮丧

　　在自我认识的历程中，终有一刻我们会面对自己的核心恐惧。只有真正跨越了这一步，我们才能够完整无缺地认识自己，找到那个本自具足、如如不动的真我。

　　阻碍自我认识的外在表现为无明。无明分为以下三类：一是贪。就是既想要这个又想要那个。在这个世界，你想要的每样东西都是有条件或有代价的。这些条件和代价往往表现为时间、精力、金钱等资源要素。而每个个体的这些资源要素都是有限的，当我们想要的太多而资源不足时，就会有两种结果出现，差强人意或是付出额外的代价。二是嗔。嗔的表现是明明知道自己要这个，却做着与此相反的事。曾经有一个深陷婚姻问题的人向我咨询，她说她的丈夫有外遇，但她不想离婚。我请她把前一天与丈夫发生的每一次互动列成一份清单。面对这份清单，她哭了，因为她发现她与丈夫的每一次互动，都是在把丈夫往离婚的方向推。我问她：你到底是想挽救婚姻，还是想"你不让我好你也别想好"呢？三是痴。就是明知道有些东西你得不到或很难得到，却无法自拔。其实，就是明知自己赌输了，还不想下桌。就像鱼店音乐人在咨询信中描述的那样：其实很久以前我就知道自己应该怎样选择，只是一直无法下决心舍弃梦想，到现在，我依然不知道怎样才能做到这一点，打个比方，这就如同单相思的感觉，明知恋情不会有结果，却还是忘不了对方。

无论是面对自己的核心恐惧，还是对无明的察觉，都是需要勇气的。当一个人能够接受这些阻碍时，他的选择便开始清晰起来。可惜的是，并不是每个人都有足够的勇气和决心，能够这样做。所以，再优秀的解忧人都叫不醒一个装睡的人。我们总结了顾问的 22 条军规，每一条都是我们行业血的教训，第一条就是帮助值得帮助的人。用《解忧杂货店》书中的话说：如果自己不想积极努力地生活，不管得到什么样的回答都没用。

五、解忧人的工作方法

解忧人如何帮助咨询者拨开迷雾？工作方法如下。

（一）诊断

诊断是发现真实问题的过程，主要是通过有效的发问与聆听完成的，就像中医的望闻问切。在企业咨询领域，还需要专业的诊断工具作为辅助。《解忧杂货店》中的问题也是通过咨询者与解忧人多次书信往来，才逐渐清晰起来的。

（二）演绎

演绎是一种思维方式，可以帮助咨询者找到问题的症结和根源。值得一提的是，有一种"解忧人"的工作方法，是不允许演绎的，要求基于事实做回应。但大部分"解忧人"达不到这样的境界，只是无意识做着各种演绎，还把自己的问题投射给咨询者，造成咨询者更大的困惑。其实，演绎只是头脑的一种正常的工作方法，关键在于演绎必须建立在科学的系统思维和系统框架上，如同老中医诊病，他之所以能通过望闻问切发现病情，做出治疗，是因为他掌握一套人体的经络系统，并依据这一系统进行演绎。足球教练或排球教练，也是需要依据双方运动员的情况，结合系统规律进行演绎推理，进而排兵布阵的。

当然，系统学习是要投入时间、金钱、精力的。只有抛开自以为是和自圆其说的理论和不愿学习的惰性，以务实的精神、工匠的态度，踏实做人做事，"解忧人"行业才有未来。

（三）验证

"解忧人"不仅要善于依据系统做演绎，还必须学会验证这种演绎的真实性。验证的方法有四种。

一是格物，是帮助咨询者对复杂问题或解决方案进行归类简化的方法。这个过程也是不断验证演绎是否有效的过程。如对目标分解的格物：有些企业需要分解为老客户与新客户，有些企业需要分解为产品 A 与产品 B，有些企业需要分解为员工甲和员工乙，这些都是需要不断演绎与验证的。

二是差异对比，是一种验证演绎的简单方式。曾有一位咨询者向我咨询她的产品为何续单不好，她演绎有可能是辅销人员能力不足导致的。我问："你有几个辅销人员？"答："十几个。"我又问："有几个能力比较强的？"答："2～3个。"我又问："这两三个人续单率怎样？"答："好像也一般。"这时，她忽然意识到：应该不是辅销人员能力不足的问题。这就是差异对比的运用。

三是投石问路。在《解忧杂货店》中，有段有趣的情节。来自未来的杂货店解忧人知道了日本会抵制那届奥运会，所以极力劝说纠结于训练还是照顾病重男友的月兔放弃奥运会训练，回到男友身边，陪他走完人生最后一段路。月兔其实是知道自己的问题的，她的问题本质其实是自身的瓶颈，照顾男友只是一个显化的借口。对此，深爱着她的男友深有察觉，他不希望她以此为借口停下来，他希望她能放手一搏，就算没能实现梦想，也可以了无遗憾。杂货店解忧人一次又一次地以激烈的言语让月兔放弃，她还是无法下定决心。这让月兔忽然意识到自己内心深处还是向往奥运的，所以全力投入奥运训练，尽管最后还是没能入选，人生却可以没有遗憾。她的男友也带着满足感走完了人生最后一段路。在给杂货店解忧人的感谢信中，月兔写道：真是不可思议，为什么您能如此充满自信地断言呢？后来我明白了，您是在考验我。如果您让我忘掉奥运会，我很容易就能接受的话，说明奥运会在我心中的分量不过如此。那么我就应该放弃训练，专心照顾他。但如果您一次又一次地让我放弃，我却始终无法下决心，就说明我对奥运会的感情其实很深厚。

这其实是月兔把来自解忧人的建议误会成投石问路的结果。投石问路的要点是表里如一的表达。基于演绎直接给予建议，往往能起到意想不到的效果。

四是引导。此前曾分享过顾问黄金问话，这就是一种引导问话方式。在此不再重复。

（四）点悟

点悟是解忧人给予咨询者建议的过程。有一种解忧人是不允许给咨询者建议的，其理论基础是：每个人是本自具足的，他们知道自己如何做。这在个人修行的层面，毫无疑问是正确的，但在每个生命个体的某个现实阶段，却不尽然。正如一个快要淹死的人，向你伸出求救的双手。你对他说：每个人类都是会游泳的，我相信你自己能游到岸上。这又有什么意义呢？

其实，本自具足与寻求他人帮助并不矛盾，或者可以说寻求帮助正是本自具足的一种体现。有个故事：一个孩子想搬开一块大石头，可是用尽了全力，还是没法搬动。于是，他对爸爸说："我没有办法了，我已经用尽全力了。"他的爸爸却说："你还没有用尽全力。因为，我就在你身边，你还没有求助于我。"

那解忧人该如何给咨询者提出建议呢？

一是让咨询者发现更多的选择和可能性。这可以通过让咨询者从不同的面向认识自我、认识他人、认识问题而获得。二是转念。杂货店解忧人所说的"奥运会不过就是个大型运动会"就是转念的方法。三是下注。人生无论怎样选择，都会有得有失。有位咨询者向我咨询一个商业项目，在我帮他分析完投资收益后，我问了他一个问题：这个项目的前景我很看好，但一定有风险。你愿意为这个项目付出的最大代价是什么？或者说，如果这个项目不成功，你愿意打水漂的钱最多是多少？他答：60 万。我告诉他：那你就别干了。因为经过我的测算，这个项目的投入至少需要 100 万，否则成功概率会小很多。在长期辅佐企业成长的实践中，我们发现一般企业家的赌性会比普通人强一些，他们面对未知更愿意下注尝试，这是与好奇这一项心智力相关的，这一项心智力的提升更容易让人探索未知领域，甚至拥抱着恐惧前行。鱼店音乐人"即便失败了，也要留下足迹"的想法，本质也是下注。

总之，路哪怕再长再远，也是一步一步走出来的，只要有勇气开始，且坚持走下去，一定会有走完的一天。

六、企业成长的成果

当一个企业家能够没有纠结地按照系统规律行动时，将行动落实于企业成长的四大驱动因素：经营系统、管理系统、资源平台与文化系统的建设，就会收获企业成长的成果。而这一成果不是天马行空的梦想，也不是海市蜃楼的愿望，它必须是清晰的、可以定义的、可以描述与衡量的。我们把基于实践所获得企业成长的成果列为如下五个标准：

一是业绩增长。原来企业每月业绩 90 万，经系统辅导后，业绩增加为每月 200 万，这是企业成长的硬指标。

二是利润增长。原来企业年营业额 6000 万，不赚钱。现在营业额

5000万，利润1000万。业绩虽然下降了，但利润上升了，这也是企业成长。在第一章，我们曾描绘过一个案例企业，最初将企业客户定位从装修工程公司调整为最终用户时，就曾出现过这个阶段。

三是企业价值提升。从最初稀释49%股权，作价200万无人问津，到投资者主动找到企业以1200万投资收购51%股份，企业董事会不愿出让。这也是企业成长的成果。这里值得一提的是，很多企业尤其是互联网公司，往往会提出它们运作的模式是免费模式，短期内不关注业绩或利润的增长。似乎它们的企业成长是无法衡量的，这其实是一个误区。业绩与利润虽不是衡量企业成长的唯一指标，但企业成长的标准必然呈现于流量的规模化，并最终体现在企业价值的提升上。

四是系统建设完善。从没有盈利模式到盈利模式的完善，从没有客户管理到CRM（即客户关系管理，指企业用CRM技术来管理与客户之间的关系）系统的建立，从靠销售人员跟进客户的方式转变为多点尼龙粘扣式跟进系统等，这些都是系统建设完善的体现。我们学员企业中，有这样的案例，从一家二手车改装公司到车管家服务平台的转型，这样的转型难度是非常大的，其中系统建设工作就是重中之重。

五是从管理团队养成为经营团队。从做到1.5亿最希望的奖励是休息2～3天，到做到3.42亿，团队自行制订120%冲刺目标计划，老板解放出来思考未来，经营团队一旦养成，老板才能真正得到解放。企业经营才能从老板一个人拉车变成大家齐心合力一起推车。

经营核心团队的养成是我们能带给客户的独特价值。经营团队与管理团队相比具有如下特点：不仅把事情做到位，更会思考如何赚钱；敢打仗，不害怕打仗；会打仗，能打胜仗；对机会敏感，敢把握机会。更为重要的是，经营团队能够把握机会。其实，阿米巴管理也好，裂变式创业也好，高管持股计划也好，其本质都是向核心团队分享机会，而机会是留给有准备的人的。当核心团队没有人敢于把握机会，或者不具备把握机会的能力时，必定以失败告终。这也是以上措施导入企业往往困难重重，甚至适得其反的原因所在。

第六节　显化定律

　　她端坐在我面前，一身简单的装束尽显干练专业，又不失亲和。交谈过程中，她逻辑清晰、表达准确，也十分耐心。对于我不明白的专业问题，她无比细心地讲解，每一个表情都散发着自信，每一个手势都表达着成竹在胸。熟悉她的人评价她自律、干练、专业、高效、亲和，"有什么处理不了的事，我来"的雷厉风行让她在行业里口碑超好。

　　她姓李，我们称她为李女士吧。现在的她自信满满，但 2008 年她刚进入电梯行业时，也是个菜鸟。她和很多全职太太一样，曾经也拥有一个幸福美满的家庭，结婚多年没有工作，需要料理的只有洗衣、做饭、带孩子、照顾丈夫的起居饮食。平时与外界接触也少，见到陌生人甚至会脸红。

　　2006 年，她的婚姻发生变故，无奈放弃了家庭，背负数万元的债务，带着刚上初中的女儿独立生活。这样的变故对于一个安逸太久的全职太太来说无疑是晴天霹雳，可生活总得继续，女儿要读书，买菜要花钱，她靠什么活下去呢？她没有工作经验，没有人脉背景，更没有经济基础，是做饭店服务员还是做家政？她不知该如何前行。她愿意吃苦，别人做一份她可以做两份，可这样就能维持日常开销吗？

一次偶然的机会，她知道一个小区招标电梯维保公司，这给了她莫名的希望。没有退路的她决定做和前夫同样的行业，一个专业性非常强的行业——电梯维保，安装及销售。也许是一份不服输的决心，也许是老天的眷顾，她费尽周折成功谈下了该小区的电梯维保工程，在拿到中标通知书的那一刻，她茫然了。手里没有一名维保技术人员，挂靠的公司又能维持多久，此时她才发现已身无分文，就连坐公交的钱都拿不出来，莫名的心酸涌上心头……

对于这来之不易的项目，她投入了所有的时间和精力，不管出现什么问题，她一定会跟着工人到现场处理，确保小区电梯的报修率降低，保障电梯的安全运行。也是这个项目，让她边实践边学习，开始走上电梯行业。因为用心，现场管理和维护做得非常好，赢得了物业公司的认可，这为以后的发展奠定了基础。

在业内有了一定口碑后，她开始了电梯销售业务。在第一次接到甲方的约谈推开门的那一刻，房间里的人投来的询问目光让她憋红了脸，她赶紧介绍自己来访的目的，话还没说完，她已经紧张到语无伦次了。对方听懂她的来意后笑了，那一刻，已慌成一团的她变得茫然无措，内心的五味瓶也被眼前的陌生场景打翻。生活的巨变，内心的无助，维持生计的艰辛，在一声"是"说出口的瞬间，眼泪竟然当着满屋子的陌生人夺眶而出，什么话也说不出来了。上天又一次眷顾了她，她看到了希望，开弓没有回头箭，她决定全力一搏，于是卖掉了仅有的一套老房子，注册了现在的电梯公司。

从全职太太到专业极强的电梯行业，于她而言是一次重生，但其中成长的阵痛只有身在其中的人才能感受到。经过几年的发展，公司已从最初的 B 级资质升级为维修改造安装全 A 的专业性公司。她的努力、认真、负责，合作过的甲方都看在眼里，同时也给了她更多的历练机会。

如今的她已经成长为电梯行业的佼佼者，这其中有各个行业和领导给予的机会，更与她自身的学习和能力分不开。

"我觉得无论是物业公司将他们园区的电梯交给我们公司维修保养，还是开发商采购我们所代理的电梯品牌，这对我来说都是一种信任，也是对我的认可，我肯定要付出120%的努力将事情做好。这不仅是在做事，也是在做人。"她说。

回顾近10年的创业历程，她一直深耕东北、北上广等区域市场。2016年她在北京成立独立的销售公司，与全国百强地产洽谈签署全国战略合作，她不断地挑战着新的工作内容。

在每个阶段，人们都会遇到不同的困难，或大或小，或急或缓，只要不被困难牵制，积极想办法解决，不断提升自己消化问题、解决问题的能力，就能不断进步。未来10年，她表示，"还将不断努力学习不同学科的知识。由于行业利润空间缩减，企业未来的发展将会更加多业态。只有多业态学习，储备更多的知识，才能在工作中游刃有余，提升自己的竞争力"。

这是我们对李女士创业历程的真实采访记录，也是千千万万个企业家创业历程的典型缩影。

企业是由企业家创生的，任何企业都源于企业家的一个想法。企业的最终发展也不可能超过企业家的高度，就算短期内超过了，也会因为德不配位而回到原点。企业家从一个想法创生企业的过程，我们称之为显化历程。这也是企业家梦想成真的过程。显化力的提升正是企业家成长与个人修行的主要方向，换句话说，企业家成长就是提升"梦想成真"的能力。

从上面的案例中我们能看出，李女士在面临生活的压力时迸发出的激情与承诺，是一份拼死一搏的勇气与执着。正是这样的心智力帮助她度过了创业期的艰难，之后她的责任又引领她完成了第一次的角色转变和特征能力提升。现阶段，她的共赢和欣赏又在引领她进入下一步的发展。而真正可贵的是，她身上的宽容、好奇与可能性三种心智力，让她可以不背负过往，不恐惧将来，不断挑战新的工作内容。

　　本章的重点就是揭示企业家显化的规律。我们的研究参照了两个理论模型：一个是麦克里兰关于胜任素质的"冰山模型"。这个在前文中已经提到，不再赘言；另一个是理解层次模型。理解层次是罗伯特·迪尔茨在1991年推出的一套模型，它是一种层次化的解释系统、决策指导系统，可以用来解释发生的各种现象、问题、表现，同时还可以凭借它找到解决问题、优化表现的方法。如下图所示。

　　正是基于这两个理论模型的启示与研究，我们才提出了企业显化的大树模型（见本章第一部分）。

　　企业家显化力的提升，本质上是企业家个人修行的课题。在这条路上，我们深知自己也只是一个爬到半山的修行者，与各位读者朋友，特别是同为企业创始人的企业家朋友共勉。

本章精髓

1. 人生重要的三个问题：

（1）我是谁？

（2）我从哪里来？

（3）我要到哪里去？

2. 所有企业都是从一个想法开始的。

当一个人对这个想法十分坚定时，就会形成定念或信念。这个人就经得起诱惑、耐得住寂寞、受得了委屈、顶得住压力。

3. 心智力的体现：

（1）对内体现为"内驱力"。

（2）对外体现为"影响力"。

4. 企业家完成角色的转变与核心特征能力的升级，是通过自悟、喊救命与系统学习三种方式实现的。

5. 优秀企业家学习与成长的三大特点：

（1）在游泳中学习游泳、在战争中学习战争。企业家更注重在实践中学习、在学习中应用、在应用中总结、在总结中实践的循环学习方式。

（2）关注系统学习，而不是点式突破。系统学习是优秀企业家与普通生意人的区别。

（3）关注核心特征能力的养成，而不仅是知识积累。

6. 心智力的获得与释放：

心智力不是零和的产物，而是创造的结果。这种能量不是靠争夺来的，而是来自天赋及使命。心智力最终会以爱的方式释放能量，并实现传承。

7. 舒适区的三圈模型：

（1）"舒适区"，是没有学习难度的知识或者习以为常的事务，自己可以处于舒适的心理状态。

（2）"学习区"，对自己来说有一定挑战，因而感到不适，但不至于太难受。

（3）"恐慌区"，超出自己能力范围太多的事务或知识，心理会感觉严重不适，可能导致崩溃以致放弃学习。

8. 人成长的过程就是舒适区不断扩大的过程，前提是能够主动地跨入新的学习区，并把学习区转化为你的舒适区。

9. 企业家的特征能力分为四个层面：

（1）创新工作者。

（2）系统工作者。

（3）战略工作者。

（4）取势工作者。

10. 仗要先打起来，战局才会发生变化。

11. 人类所有的烦恼来自纠结，内心的纠结是能量损耗的来源，而纠结的原因是念不定。

12. 自我认识是一切动力的源泉。

跳出纠结状态的唯一方式就是知道自己要什么。一个人有了清晰的自我认识，念就定了，动力就产生了。

13. 人类有三大核心恐惧：

（1）害怕失去自我控制。内在对话：我是不能错的。

（2）害怕被拒绝、被否定。核心恐惧是，我是不被爱的。

（3）害怕孤独。核心恐惧是，我是被分离的。

14. 阻碍自我认识的外在表现为无明。无明分为以下三类：

（1）贪：既想要这个，又想要那个。

（2）嗔：明明知道自己要这个，却做着与此相反的事。

（3）痴：明知道有些东西你得不到或很难得到，却无法自拔。其实，就是明知自己赌输了，还不想下桌。

15. 顾问工作方法：

（1）诊断：诊断是发现真实问题的过程，主要是通过有效的发问与聆听完成的。

（2）演绎：演绎是思维方式。帮助咨询者找到问题的症结和根源，必须建立在科学的系统思维和系统框架上。

（3）验证：不仅要依据系统做演绎，还必须验证演绎的真实性。

16. 验证演绎的四种方法：

（1）格物：是帮助咨询者对复杂问题或解决方案进行归类简化的方法。

（2）差异对比：是通过表现卓越者、一般者与待改善者的不同差异的分析，验证演绎是否真实的方法。

（3）投石问路：要点是表里如一的表述。基于演绎直接给予建议，往往有意想不到的效果。

（4）引导：通过问话的方式引导对方自己发现问题的要点并验证演绎的方法。

17. 给咨询者提建议的三种方法：

（1）让咨询者发现更多的选择和可能性。

（2）转念。

（3）下注，怎样选择都会有得有失。

18. 企业成长的五大成果：

（1）业绩增长。

（2）利润增长。

（3）企业价值提升。

（4）系统建设完善。

（5）从管理团队养成为经营团队。

第二篇　兵法篇

兵者，国之大事，死生之地，存亡之道，不可不察也！

第四章

千里之行，始于足下；万里江山，以活为大

我们知道了地图的纬度——企业成长的不同阶段，又明白了地图经度的两个部分——企业成长的四大核心要素与企业家成长的显化历程，就如同打开了企业与企业家成长的导航系统，您可以按下"确定所在位置"的按钮，开启我们的旅程了。

本章主要阐述企业在经营初期，即我们所说的"爬"的阶段的关键工作内容与企业家成长的特点与修炼课题。企业在经营初期主要的任务是"活下来"，生存是这一时期企业存在的根本。企业在这个发展阶段中，商业系统的构建是重点，这就是我们所说的"经营初始化"的完成。如何搭建商业系统的框架？这是本章要讨论的一个重点问题。

此外，企业在创生的阶段，管理的核心又是什么呢？从某种角度上看，这一阶段的管理往往还停留在企业家管理上。我们必须知道管理是需要消耗"成本"的，而处于生存阶段的企业，人员相对简单，依靠企业家管理，一般可以达成当前的经营目的。管理的重点是产生一个愿意与您同心协力的团队。在本章中，我们还将讨论资源平台以及文化系统

在这一阶段工作的重点。

企业家在"爬"的阶段又会表现出怎样的特点呢？我们知道，这一时期企业资源往往是不足的，大多数情况下企业家都是亲力亲为，正是因为在资源短缺、能力不足的情况下，企业家的工作繁重，团队也只能依靠情感留人，所以我们把这一阶段的工作特点称为"汗水期与泪水期"。本章我们将对这一时期企业家的角色定位、特征能力以及促使能力变化的心智力以及信念系统，做出更为深度的解读。

千里之行，始于足下；霸王大业，不是空话。下面就让我们披挂上马，开启这一愉快而激动人心的旅途吧。

第一节　企业经营那点事——经营系统的建立

莫总是我们早期辅导的某科技公司的总经理，身边的朋友习惯称呼他为老莫，他有着一颗有趣的灵魂，是一位可爱又可敬的企业家。他是理工男，技术出身，对技术研发一丝不苟。一次，他朋友的一个企业生产了一款灭蚊灯，让他帮忙测试一下。他连续一星期下半夜三点起床，亲自去看灭蚊灯的效果。最后，他告诉朋友：这个灭蚊灯基本不靠谱，前三天根本没抓到蚊子，第四天倒是抓住了 3 只，可是灭蚊灯一打开就全部逃走了，一只也没有杀死。

创业之初的莫总也曾走过一段艰辛的历程。他凭着自己对产品精益求精的追求和高超的技术研发能力，以及对粉末技术长达 21 年的钻研，生产出特殊粉末涂料，用于金属表面的特殊处理，愿景是未来成为中国特殊粉末的领跑者。公司成立后的两年时间里，发生了很多意外，比如客户被业务员带走，前期开发的几个配方被业务员带走模仿生产并进行恶性竞争等，一度成为莫总非常苦恼的事情。但好在莫总是个务实勤奋、有梦想且坚持的企业家，从 2015 年开始自己外出一家家跑业务，接了几个大客户，经过一年多的努力公司逐渐有了起色。也说明公司的产品是可以得到市场认可的，这更加坚定了莫总的信心。

与我们合作之前，公司呈现出来的状态是企业家一个人身兼多职，是最能干的大业务经理，公司没有一套可复制的盈利模式，因此无法建立销售团队，即使建立了团队，干活的时候也是茫然的。公司的组织架构是总经理（身兼多职），财务 1 人，生产 6 人，物流 1 人，基本是作坊式经营。在莫总系统学习的一年多时间里，跟我们在经营理念上形成了高度一致。他认为一家公司的壮大凭自己是肯定不行的，一定要靠系统和团队去运作，而他的公司目前属于新生企业，内部很多系统没有建构起来。他的支点问题是如何解决企业盈利的必然性问题。虽然不愁订单，但也只局限于企业家一个人能力范围内的最大业务量。我们经过前期一系列的诊断、分析、综合判断，企业家的格局和项目本身都符合我们接项目的标准，他的公司在未来有很大的发展空间，莫总有这方面的思维和格局，于是我们决定对这家企业进行顾问辅导。

2016 年 7 月，我们正式派顾问进驻该公司。在销售团队和客服团队的组建、产品技术手册的编撰、销售流程梳理、客户管理系统的建立、目标会议控管机制等多方面对这家企业进行了系统导入。六个月后，该公司的销售团队由原来的 1 人增至 7 人，客户由原来的 162 家增至 408 家，2016 年下半年环比增长 151%，老客户续单量由原来的 144 万增至 218 万，下半年环比增长 51%，业绩由 460 万增至 1060 万，下半年环比增长 2.3 倍。

我们的咨询项目不同于其他公司之处，在于不依靠对客户及销售人员的促销和激励实现短期的业绩增长，而是通过系统的导入及运行给企业带来长久持续的健康发展，就像中医对人体的调理一样。这套系统会调整企业，使其逐步实现长远稳定的可持续发展。2016 年底，顾问开始逐渐撤出企业，顾问的主要工作由导入系统转变为通过会议推动系统在企业内的自动化运行。此时，企业的业绩能否实现持续的提升才是项目成功的关键所在。可喜的是，从顾问过渡到平稳撤出，该公司一直保持了稳中上升的势头，到 2018 年这种上升势头不仅不减当年，还呈现出行业整合之势，这是该公司进入下一阶段的标志。我们会进一步关注，并一如既往地支持其发展。

前期成功的合作，建立了我们与莫总的彼此信任。当莫总开始他二次创业的历程时，义无反顾地带领新的团队再次跟随我们进行学习与成长，我们本章的故事，就从莫总的新项目拉开序幕。如果说他的科技公司是在经营系统的帮助下，完成了从"爬"到"走"的跨越，那么莫总的新项目，则确确实实是从"爬"的阶段就进入了我们的系统辅导。下面请读者朋友跟随我一起看看一个初创企业是如何建立自己的经营系统的。

一、产品与产品结构

首先，需要完成经营初始化的两项重要工作——产品设计与产品结构设计。产品为什么需要有一个结构呢？举个例子：假设我现在有一支军队，军队里所有的人配备的都是步枪，你觉得怎么样？那肯定就不太对。一个军队里应该有配步枪的，有配机枪的，有配迫击炮的。企业的经营如同一支军队作战的过程，产品就是这支军队的武器。任何一个产品，都有两个功能：一是产品功能，用来满足客户的需求；二是经营功能。每一个产品的经营功能是不同的，有的产品是要把客户吸引进来，有的产品是为了把客户留下来，有的产品可以获得现金流，有的产品可以获得利润，还有的产品用来阻击竞争对手。而单一产品很难满足经营功能的多样化需要，这就要求我们的产品有一个结构，才更容易实现战术的配合。经营初期你可能没有那么多产品，但这一件事必须要纳入你的思考范围。我们有一个重要的产品结构模型，叫犬齿倒钩箭。有箭尖、箭杆、箭羽、倒钩，当你的产品结构呈现出这样一种状态的时候，你的杀伤力是最强的。

二、目标客户定位

目标客户定位问题是经营系统需要解决的第二个关键问题。

有了产品，我们必须清晰我们的目标客户群，这里所说的目标客户不仅指产品的最终客户，更要考虑产品的直接客户，即产品如何打通与最终客户的中间环节。

相对于最终客户，产品的直接客户，并不太容易确定。最初莫总的想法是把传统的代理商，作为他们的直接客户。经过分析，这一想法被我们直接否决了。原因很简单，如果走传统的渠道，由于本产品成本较高，售价就会高于传统同类产品中的大品牌。对于传统的经销与代理商来讲，就需要一个理由来解释这一产品好在哪里？在初期本产品一无市场销量，二无品牌知名度的前提下，很难建立代理商的销售信心。在这样的情况下，如何做得好市场呢？

经过研究和讨论，我们最终确定了以线下体验店与线上社群营销相结合的营销创新模式，设计了销售公司、合伙人企业、体验店和会员的四级交易结构，把体验店作为直接客户。体验店是拥有高端消费者群体资源的法人机构。这样就有效地将美容会所、红酒俱乐部、企业家协会、高尔夫俱乐部、培训平台机构等，纳入了我们直接客户的范围，拓宽了目标客户群的领域，为开拓市场奠定了坚实的基础。

三、先有鸡还是先有蛋

我们已经讨论了两个对于经营系统非常重要的问题——产品与客户。那么，这两者谁更重要一些呢？哪个先哪个后呢？这让人想起先有鸡还是先有蛋的世界难题。

从实践来说，根据客户需求进行产品设计，或者根据产品设计寻找目标客户，这两种情况都存在。但这里面有一个导向性的问题。如果10年前有人问我这个问题，我会毫不迟疑地告诉他客户优先于产品，原因很简单，产品就是满足客户需求的。但现在，情况发生了微妙的变化，这也是我们研究经营系统的难点所在。我们曾经讲过，经营如同打仗，战场总是瞬息万变的。在一个阶段正确的选择，到另一个阶段有可能就是错误的。对于这个客户是正确的选择，对于另外一个客户有可能就是错误的。让我们先来对产品与客户这一矛盾的本质，有一个清晰的认识，然后再看看战场到底发生了怎么样的变化。

一个初创企业者最大的纠结，就是他对产品的认识和客户的需求往往是不匹配的。客户代表了现实的需求，产品寄托的是创业者的情怀。产品与客户的矛盾本质上是企业家情怀与现实之间的矛盾。之前客户需求重于产品设计。现在，时代发生了变化，尤其是近 5 年。这种变化体现在两个方面：一是我们现在的网络越来越发达。互联网其中的一个特点就是长尾效应。为什么过去我们要向客户的需求妥协，是因为当你做最有情怀的产品的时候，你的客户群就变窄了，这个时候你得从芸芸众生中把这么窄的客户筛选出来，成本非常高，得不偿失，所以只能面对现实。而现在通过网络，尤其是移动互联网，你可以找到最理想的客户群，这就是长尾效应。客户筛选的成本降低了，这是第一点，我们叫技术带来的变化。二是以中国目前在全世界的地位，势必需要承担一项重要的责任和使命，需要大力发展和推动企业的创造力，或者叫原创。原创并不是满足需求，而是创造需求。只有这样，我们才能由中国制造变为中国创造。创新的原动力是什么？正是企业家的情怀。

当然，这并不是说你为了企业家情怀，就不用考虑现实的问题了。企业在初创阶段，需要掌握好产品与客户、需求与供给、情怀与现实之间的平衡。这也是企业经营系统建设的关键元素之一。

四、产品与客户的对接

有了产品，有了客户，更重要的一步就是完成产品与客户的对接。这种对接有两个重点：一是对接的内容；二是对接的形式。

（一）对接的内容——产品呈现

产品与客户对接的内容，是如何把产品呈现给你的目标客户。所以这项工作又称为产品呈现。很多创业者认为这是一项很简单的工作，事实上并不是，这项工作往往需要花2～3年才能真正做好。为什么呢？首先，你必须明白，客户并不关心你的产品或服务，客户关心的是你提供的产品和服务能够给他带来什么样的价值，或者满足他什么样的需求。也就是我们经常说的，客户不需要钉子和锤子，需要的是墙上的洞。其次，这个价值还必须是独一无二的，是你的竞争对手无法提供的，至少是你在行业内做到最好的那个价值。我们称之为独特价值，这个问题就是我们在前文讨论的"我是谁"的问题，企业在经营初始化阶段，最大的试错成本就是用来寻找这个问题的答案。一旦找到企业的独特价值，会有三个标志呈现出来：一是目标客户逐渐变得精准；二是客户成交率明显提高；三是客户满意度大幅提升。这对企业无疑是一个好消息。然而，还有一个坏消息，那就是一个产品或服务，抑或企业的独特价值，要通过不断和他的目标客户进行磨合、碰撞、冲突、印证才能找到。这就需要一段时间，而我们所说的试错过程，就是指这一段时间。这段时间可长可短，时间的长短取决于产品自身的独特性、竞争对手的强弱、老板及核心团队的经营系统能力，甚至有一些取决于运气。还有一个因素至关重要，那就是你想要的企业的未来。正如一棵树越高，它的根必定扎得越深。这个过程欲速则不达。那么，在独特价值没有找到之前，我们靠什么完成产品与客户的对接呢？就是通过产品呈现的方式，不断地摸索和试错。

在研究成功企业的过程中，我们经常会犯的一个错误是，只看到它最有效的那一项工作。殊不知，那只是让他吃饱的第五个馒头。前面的四个馒头，才是关键所在。一个企业家，如果没有这样"只问耕耘，不问收获"的定力，是很难真正做成一番事业的。

（二）对接的形式——营销模式

产品与客户对接的形式就是营销模式。营销模式是一个场，在这个场里有三样重要的东西：一是人；二是产品；三是销售工具。通过这三样东西的有效组合，产品从你的手里到达了客户手里，这就是销售过程。

比如：我开一家珠宝店卖钻石和各种宝石。客户来了，营业员去接待，先了解客户的需求，然后根据客户需求向客户介绍产品，以及运用销售工具帮客户检测鉴定珠宝的真伪，直到完成销售。这就是一个典型的销售流程。在这样的销售流程中，我们对营业员的要求就会比较高。比如他要有比较强的专业知识，要具备一定的销售技巧，具备和客户打交道建立信任的能力，具备一定的价格谈判能力，同时还要学会珠宝鉴定等技术。如果我们把人、产品、销售工具，这三个元素做一下调整呢？比如营业人员只负责接待客户，了解客户真正的需求，把真正想要购买产品的客户筛选出来，然后对接给店长。店长进行珠宝的选择、鉴定和价格谈判。这样我们对营业员的要求就降低了。这就是营销模式中三个元素的组合，产生的变化。

在我们谋划产品与客户对接的形式的时候，首先要选择一种合适的营销模式；然后匹配人、产品和销售工具，三个基本元素；再来调整三个基本元素之间的相互关系，就会形成一个有利于成交的营销模式。

五、财务结构

总结一下，"爬"的阶段经营要做什么事？产品设计精益求精；产品结构设计精益求精；目标客户定位从不准确到慢慢精准化；通过产品呈现不断摸索，直至找到独特价值；找一个合适的营销模式。这就是企业"爬"的阶段，经营初始化的五件事。

这五件事做完，会呈现一个财务结构出来。与产品和企业相关的成本结构，与客户相关的收入结构，中间呈现的就是企业的利润结构。再把企业的投资和融资考虑进去，就会出现一个现金流结构。这就形成了经营系统的基本结构。这时，你的企业就开始赚钱了。

在建立经营系统模型的过程中，亚历山大·奥斯特瓦德的"商业模式画布"，以及他的畅销书《商业模式新生代》，给予了我们很大的启示与帮助。这一商业模式画布，目前被众多的世界五百强企业学习和使用，被定义为可视化的商业模式的通用语言。我们会把商业模式画布的基本内容作为本章的补充阅读，有兴趣的朋友可以将我们上述的商业框架放置其中，你会发现我们对商业模式画布进行了简化处理，相信它会帮助你更好地理解商业逻辑和我们上述所讲到的经营重点。

经营系统

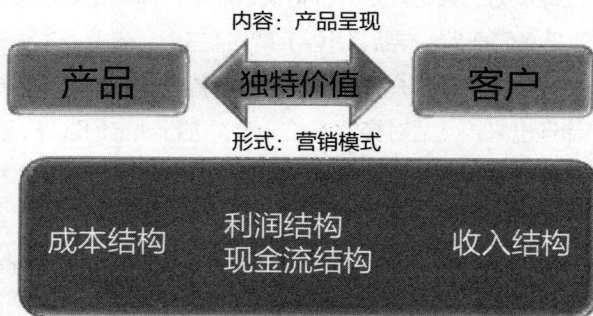

第二节 "爬"的阶段的企业成长

"爬"的阶段，企业的任务就是活下来。经营系统的建立，当然是重中之重。除了经营系统之外，企业成长的另外三大要素又呈现了怎样的特点呢？这就是我们下文要讨论的话题。

一、管理系统

这一阶段，管理的重点就是团队。用一句很落地的话叫笼络人心。这个时候的管理也没那么复杂，叫创业者管理阶段。一般企业在"爬"的阶段，人也不多，创业者一个人也罩得住。这个时候，创业者靠什么带团队呢？一句话，只要有效，靠什么都行。当然，最关键的是要符合创业者自己的风格，也就是自己 hold（控制）得住。

刘备靠什么带团队？使命与情义。《三国演义》中脍炙人口的"桃园三结义"的故事，就是刘备、关羽、张飞之间情义的见证。首先，刘备是一个志向远大的人。《三国志》记载，少年刘备与母亲以织席贩履为业，生活非常艰苦。刘备家屋舍东南角篱上有一桑树高有五丈余，来往的人都觉得这棵树长得不像凡间之物，认为此家必出贵人。刘备小时候与同宗小孩在树下玩乐，指着桑树说："我将来一定会乘坐这样的羽葆盖车"。刘备喜欢结交豪杰，当地豪侠都争着依附他。中山大商张世平、苏双等携千金，贩马来到涿郡，见到刘备，给其资助，刘备得以用来集结到更多人。可见，刘备是能够靠他的志向影响众人的。《三国志·关羽传》载关羽栖身曹营时，曹操让张辽去试探关羽到底有无可能留在曹营，关羽十分感叹地告诉张辽："吾极知曹公待我厚，然吾受刘将军厚恩，誓以共死，不可背之。"可见，刘备靠远大的志向和仁厚的情义hold团队，是确凿无疑的。

曹操呢？四个字：唯才是举。曹操用人是不拘一格的，可以"不念旧恶"，比如张绣；可以"各尽其才"，比如任峻；可以不拘小节，比如郭嘉；还能用度外人，比如刘备。

在"爬"的阶段，企业家不管用什么样的方式，hold住团队就行。当然，最关键是对企业有利以及适合自己的风格。

二、资源平台

《鹰爪铁布衫》中有这样一段情节：鹰爪门青衫老人与白衫老人对决。青衫老人说："二十招之内，我就可以找到你的气门。"白衫老人微微一笑道："可惜，你没机会跟我过完二十招。"

创业期企业的基本目标是"活下来"。活不下来的原因，从战略角度看，主要有两个：一是商业模式不成立或不完全成立，产品（服务）市场试验失败，换言之，产品无法与客户需求进行有效连接，即找不到市场的气门。二是资源和能力不足，尤其是"浅钱袋"的制约，即没有机会过完二十招。

因此，"爬"的阶段的关键行为，一是商业模式的打磨、改进和证实。任何一个创业设想，其主要内容是商业模式的设计。其可不可行，与现实情境和条件是否吻合，逻辑是否可靠，都需经由实践检验。商业模式的核心是为顾客创造价值（以产品或服务为载体）。它们是否真的为顾客所需，是否真正契合顾客的认知和情感，都需进行市场测试。这种测试不是简单的数据调查，而是不断试错，即将产品推向市场后，根据反馈不断改进，错了再试，直至逼近、抵达理想的状态。二是资源的储备、扩充。雷军曾说："互联网时代，创业企业要有花不完的钱。只有资源充裕，才有可能为商业模式的试验、调整提供较大的回旋余地，才有可能延长创业时间，实现'以时间换空间'。"这其实是一个理想状态，也是风口理论的源头。

这个阶段如何获取资源呢？在现实中，有三种情况：第一种是先天带的资源，这种情况，当然要把资源用到极致。第二种就是草根的创业阶层，在不具备至少不完全具备资源的前提下，如何完成创业？其实，与其在这个阶段拼命找资源，不如踏踏实实做好经营系统的建立和试错工作。在这个过程中，让更多的人看到你的努力，才会有更合适、更优秀的资源向你靠拢。这就是我们所主张的：如果你想取经，必须先上路，孙猴子是在取经路上找到的。当你不接受草根创业的现实时，就会出现第三种情况，具体行为就是到处找资源，朋友圈里今天跟某某领导照相，明天跟大企业家握手，以显示自己认识好多人。最后你会发现，哪个也用不上。这恰恰是企业家浮躁的表现。

三、文化系统

企业文化系统是从企业创立开始，逐步建构起来的。尤其是利益与初心发生巨大矛盾时，更是建立企业使命、价值观最好的时机。我们耳熟能详的海尔砸冰箱的故事，正是发生在利益与初心产生矛盾时，海尔也借助这一事件建立了质量文化。

现实中，我们也必须看到在这一发展阶段的企业家并不是都有成熟的使命、愿景、价值观的。即便是有，对外传播时力量也不足。毕竟这一使命还没有得到印证，更没有获得目标客户的广泛认同，所以我们把这一阶段的企业文化建设称之为以假当真的阶段。其特点是，以外显的口号、仪式感、象征物的传播为主。这个称为企业视觉识别系统，简称VI。我小时候看过一部名叫《闪闪的红星》的影片，其中有这样一个片段：冬子妈把一颗红五星放在冬子的掌心，她对冬子说：当岭上开满映山红的时候，爸爸和我们的红军就回来了。此时冬子的眼神中，充满了对未来的憧憬与期待。这正是企业文化的力量。

创业期企业的管理问题相对少一些。一方面是因为团队规模小，组织复杂度低；另一方面是因为团队有激情、有冲劲，这是所谓的"去KPI（关键绩效指标）""去流程"的背景。通过企业文化系统的建设，也可以在一定程度上弥补管理和制度建设的不足。

这一阶段，企业家是否具备成熟的使命、愿景、价值观，对企业有没有影响呢？有，而且影响很大。只不过这一影响并不在这一阶段呈现，而是主要呈现在核心团队的建设中。核心团队的问题我们在前文重点讨论过，这里补充以下几点。

（1）核心团队不一定在企业"爬"的阶段组建完成，但如果能够在这一阶段完成核心团队的基本架构，会对企业后期的发展产生深远影响。毕竟一个企业的核心团队是否经历过创业历程之艰难，对于企业未来的风险抵御能力是完全不同的。

（2）导致创业失败的内在问题，核心团队的磨合往往是无法忽略的因素。很多创业企业都上演了从"中国合伙人"到"中国散伙人"的悲剧。而这背后又有两方面的原因：一是创业时凭感性认识人、理解人，理性不足，未能事先严格细致讨论确定合作规则，尤其是对权力边界、责任边界和利益边界的划分。其结果是，遇到困难不能同舟共济，稍有利益则相互猜疑甚至反目成仇。二是未确立核心团队共同遵守的核心价值观，未能有效地构建团队文化基因。核心团队成员基本价值观不一致，不仅增加合作过程中的沟通和协调成本，还会导致战略方向、基本组织规则上的分歧，使合作无法继续。因此，在创业阶段，"契约"和"文化"（心理契约）是建立核心团队的关键所在。

（3）由于创业期企业的目标是"生存第一"，很可能会为了生存忽略手段、途径的合理性、合法性。一些创业企业为了原始积累，把道德底线拉得过低，就很有可能遭遇"颠覆性"风险，并给企业未来的发展带来隐患。

以上我们讨论了在"爬"的阶段企业成长的规律。记得很久前，我写过一篇文章《创始人是如何炼成的》。在此，我摘录一段作为这一节的结尾。

所有过来人都明白一个道理，创始人其实只做了企业 1% 的事，99% 都是天助的（迟早会有猴子帮你请来救兵）。这个道理似乎每个人都懂，但大部分人会错了意。

于是，很多创始人忙着整合资源、忙着融资、忙着寻找风口……他们的潜台词是：我做我擅长的事，等具备了条件我就开始，这其实是最大的谎言。

如果你想取经，你必须先上路，这 1% 你必须独自面对，面对凶猛的老虎、残忍的匪寇、无数个孤独寒冷的长夜。这时的创始人就像唐僧，需义无反顾，当所有人都觉得没有前途的时候，他意志坚定、目标远大、心无旁骛、勇往直前。

定的背后是戒。他必须忍得住孤独、耐得住寂寞、禁得住诱惑。这个定的阶段，取决于你想成就的事业。梦想越大，需要定的时间就越长，磨难就越多，需要触碰的人生模式就越深刻，需要面对的深层恐惧就越潜在。在这个过程中，很多创始人会被淘汰出局。有的人是因为禁不住诱惑，有的人是因为耐不住寂寞；而这其中最苦的一群人是无法面对自己的内在恐惧和害怕触碰自己的人生模式。

有了戒，有了定，才能生出智慧。每一件与众不同的绝世好东西，其实都是以无比寂寞的勤奋为前提的。要么是血，要么是汗，要么是大把大把的青春曼妙好时光。而支撑你走过这 1% 的，就是从戒定中生出的这一点点小智慧。

在这个过程中，唯一的好消息是：你无须获得怎样的成功，甚至无须赚到多少钱，只需要活下来。

第三节 "爬"的阶段的企业家成长

一、工作特点

创业之初，创业者的工作，我们喻为从汗水到泪水。这个时期创业者事无巨细，撸起袖子加油干。我们都知道打工如挑水，创业似打井，付出努力有没有结果也不一定，好容易打出一点水，想想跟着自己的兄弟哪一个都需要养家糊口，还是自己先苦一点，累一点，让兄弟们好过一点吧。虽然是自己的选择，但长期这样做，难免心生委屈。何况，这样的日子还不知哪天是个头儿，想想自己一天天老去，怎能不英雄气短。这个时候创业者的工作特点，就是累和委屈。

《三国志·蜀书·先主传》中有这样的记载：一天，刘表请刘备喝酒聊天。席间，两人相谈甚欢，过了一会儿，刘备起身上厕所，他摸了摸自己的大腿发现上面的肉又长起来了，不禁掉下泪来。回到座上的时候脸上还留着泪痕，刘表见了很奇怪，问道："贤弟这是怎么啦？"刘备长叹道："我以前一直南征北战，长期身子不离马鞍，大腿上肥肉消散，精壮结实；到这里来后，很久没有骑马作战，闲居安逸，髀肉复生。一想起时光如水，日月蹉跎，人转眼就老了，而功名大业尚未建成，因此悲从中来。"此时的刘备，就是一个"爬"的阶段创业者的写照。

后来，曹操发兵攻陷荆州，刘备携民突围。经过当阳一战，刘备损失极为惨重：不仅积蓄多年的军事力量被打得一干二净，他的家人也都"生死飘零"，一位夫人投井，一位夫人受伤。战后，聚在刘备身边仅有几位血肉模糊的伤者，他当时的处境，怎一个"惨"字了得。幸好，随后不久，事情有了转机：赵云从千军万马中救出了刘备唯一的儿子阿斗。赵云在小树林里见到刘备，双膝跪地："主公，让小主人受惊，云之罪也！"按常理，父子经历了生死离别，当爹的不是泪流满面把儿子抱在怀中亲个不停，最起码也要搂着孩子安慰几句吧，刘备漂泊大半生，毕竟只有这一点骨血。然而，刘备一把接过孩子，将他扔在地上，不仅如此，他还骂那个尚不知人事的孩子：小冤家，为你几乎损我一员大将，要你何用？

现实生活中，我们看到了更多在公司创业阶段经历过汗水和泪水的企业家。在对企业成长与企业家成长的规律进行研究和总结的过程中，我们研究小组的成员经常被企业家的创业历程所感动，正是这样的力量不断激励着我们的探索之路，让我们得以完成本书的规律总结。我们不敢说，我们总结的规律是完全正确的，但可以保证，这的确是倾注了我们心血的良心之作。

二、主要角色

初创企业创业者的主要角色是产品经理。产品经理不是研发经理，也不是业务经理，更不是销售经理。产品经理的主要工作职责是完成产品与客户的初级连接。

熟悉互联网企业的读者可能知道，微信之父张小龙就是产品经理。他们首先需要做的是定义产品的边界，就是这个产品解决什么问题不解决什么问题，然后定义客户价值，就是客户为什么要使用这个产品。独特价值就是找到了一个客户无法拒绝、无可替代的理由。在寻找到独特价值之前，这项工作也尤为重要，前文我们称之为"产品呈现"。然后，就要解决这个产品如何赚钱的问题。这部分工作我们从客户研究入手，通过一系列访谈、接触、客户调查，最终完成客户体验故事的编撰，并通过业务建模的工作，完成经营系统的搭建模型。这就是本章第一节讨论的重点工作，在此不再赘述。

三、特征能力

企业家这个时期的特征能力，体现为创新工作者。我们访谈过很多企业家，发现了一个规律，在企业初创期，企业家的创造力往往是比较强的。

首先由于创意驱动是企业这一阶段的成长特征。创业者创意的本质是对市场需求的假设，对竞争环境的假设，对顾客价值以及顾客价值创造方式的假设，对自身及团队能力、资源的假设。创意或许来自模仿，或许来自移植，或许来自前瞻和洞察，甚至可能来自异想天开。无论来源与创意最终是否成立，这确实构成了这一阶段企业成长的特征。其次，企业家是所有问题的终结者。企业无论遇到什么问题，员工可以问企业家，但企业家无人可问，无人可找，只能自己做决策。企业家在这个阶段，系统性还没有完全建立起来，对企业的经营系统与管理系统的认识还不够深入。那最开始靠什么解决问题？就是靠自己的那点小聪明。今天这个事找你，绞尽脑汁想了一天，就这么解决吧。明天又来一个问题，想了两天，那么解决吧……这就是创新工作者，靠点子解决问题是创新工作者的特征。

四、心智力与信念

在初创期，企业家需要突破的心智力是激情与承诺。创业初期，大多数企业家基本上过得比打工时期还苦还累。打工时可以轻轻松松赚两万三万，一旦创业就没有那么好过了，汗水与泪水是家常便饭。一点点收获，要先养活跟着自己的兄弟，别说赚钱，能不赔钱就是好的。所以这一时期，没有激情是熬不过去的。

什么是激情呢？提起激情，大多数人会想到一群人呼喊着"我一定要成功"的情景。这其实并不是真正的激情表现。

中国当代的数学家陈景润，曾在不足6平方米的斗室里不分昼夜地演算，直至攻克"1+2"难题，把"哥德巴赫猜想"推进了一大步，在国际上引起轰动。他的理论是"睁着眼睛就是还不困，就应该工作"。这才是激情的状态。

激情就是对某种体验有着偏执狂般的热爱。我就喜欢干这一件事，不给钱我都愿意干。激情背后的信念是自我观。说得通俗点儿，就是把自己活明白了。我们大部分人是活在别人眼中的，希望获得外在的认同。有激情的人则不同，他们的自我认同度很高。

自我认同度高的人，清楚自己真正想要的是什么，所以他们很容易活出真我的价值。在他们做出人生选择时，不会介意世俗的眼光，也不会在意别人的评价。当有人质疑他们的选择时，他们通常会很淡定地回答：我喜欢。

7月，香港的天气十分炎热，在慈云山及新蒲岗工厂区一带，人们经常可以看到一位结实漂亮的女搬运工，她穿着背心短裤，汗流浃背地穿梭在大街小巷搬货。她就是被称为"香港最美女搬运工"的朱芊佩。她是副食品粮油杂货跟车搬运工。因"最美女搬运工"的头衔在网络走红后，不少网友震惊的同时也很纳闷，为何她会做一份这么辛苦的工作？在相亲节目中，她平静而又大方地介绍了自己的工作——搬运工。幼时做生意的父亲很爱带她看货柜码头的日常运作，"他教我这个是20尺柜、那个是24尺柜，看着这些机器将货柜夹来夹去，觉得很好玩，好想知道怎样操作。就算平时玩积木，都会堆砌货柜码头。"说毕，小朱腼腆地笑了，"非常热爱运输这个行业"，又谈到自己的梦想就是先当搬运工，再考个车牌当司机，最后当主管。一步一步的规划，都是围绕着运输行业。

我们相信：如果她选择物流运输行业创业，成功的概率会比其他人高很多。因为在她身上我们能够看到企业家创业的原动力——激情。

初创期的企业家，只有激情还远远不够。另一项重要的心智力修炼为承诺。

什么是承诺？"承诺就是你愿意为你的激情买单。"用什么买单？钱、精力、时间，乃至生命。所以，激情解决的是你人生想要什么样的体验，而承诺解决的是你愿意付什么样的代价，把这个体验变成成果。只有激情没有承诺，就代表你只是喜欢体验，而不愿意为此付出代价。这就如同你喜欢一个女人，你只是喜欢和她在一起的体验，而不愿意为了她的幸福付出你的时间、精力、金钱等，这样的感情往往是没有结果的。"承"（字）的甲骨文（见下图），上面像一个跪着的人，下面像两只手，合起来表示人被双手捧着或接着。《说文解字》对"诺"的解释是：诺，应也！是答应的方式和声音。"承"代表行动；"诺"代表宣告。承诺就是表示自己愿意用 100% 的努力投入行动，实现自己宣告的成果。

提起承诺还有一个小故事要讲：一次我和几个学员讨论激情和承诺。一个女孩儿突然举手说："我觉得承诺是愿意为责任付出的代价，而不是愿意为激情买单。"我笑着问："你是老板吗？她点头称是。"我说："这个答案更像是职业经理人的答案。"她突然接口道："对，对，我就是职业经理人。"逗得大家哈哈大笑。职业经理人的答案和老板的答案有什么区别呢？我还是举一个例子来说明吧。如果你的另一半给你一个承诺："一生只爱一个人，永不出轨。"你希望这个承诺是基于责任做出的还是基于激情做出的？不言而喻，基于激情的答案更让人高兴，也更让人信赖，区别就在于这是你的另一半对你的挚爱。

责任背后的信念是角色观（详见第五章），而角色是相对固定的。人活在角色中，就会患得患失，就会权衡利弊。激情背后的信念是自我观，人活在激情中，会乐在其中，你可以扮演所有的角色。所以，老板会扮演任意一个角色，从保安到董事长。而职业经理人不会，他们会觉得这个不是我该干的。

初创期很多的创业者，都会去找天使投资。我们都听说过"天使"看人，这个时候，企业尚未成熟，天使投资往往基于创始人对是否投资作出判断。那么"天使"看人的什么呢？就是激情和承诺。其实，"天使"首先看的是行业趋势。比如说20年前的中国，互联网无疑是未来的趋势。那么，是当时已经从事互联网行业的创始人，还是当时没有从事互联网的人，更容易分得这块蛋糕呢？当然是前者。对于已经从事这个行业的创始人，谁又有更大的胜出概率呢？当然是具备激情与承诺的创始人。

在我们辅导的企业中，越是创业成功的企业家，身上越闪耀着激情与承诺的光辉。我们愿意辅佐这样的企业家共同成长。最后，让我们一起为这样的中国企业家喝彩。

第四节　多"爬"一阵儿没坏处

"爬"的阶段是企业的生存期，企业家与核心团队都需要在历经煎熬的过程中成长。很多企业希望自己快一点熬过这一阶段，如同我们希望宝宝快一点学会走路一样。而有经验的老人会告诉年轻的母亲，让宝宝多爬一阵儿没坏处。因为这恰恰是宝宝训练感觉器官协调运作的最佳时机，是宝宝一生之中难得的试错阶段。对爬行多与爬行不足儿童的对比研究显示出，爬行多的儿童动作灵敏、情绪愉快、求知欲高、学习能力较强。

企业又何尝不是如此呢？经济学家蒂姆·哈福德在《试错力》一书中写道："在复杂的世界里，对于推动创新来说，试错就是最聪明的笨办法。"时代的快速变化印证了《黑天鹅》一书的预言：这个世界的不确定性在急速增加。

如何对抗不确定性？最好的办法就是试错。因此，无论企业还是个人，都需要去试错，不断扩大自己的护城河。否则，时代的那粒灰落到你肩膀上，一定是一座山。凡事不是成功就是失败，我们希望成功害怕失败，但对于真正的创业者来讲，他们最害怕的不是失败，而是没有反馈。在《硅谷模式》一书中，提到了硅谷的"试错文化"。在硅谷流行一句名言：不管结果怎么样，先去做了再说。因为在任何一项探索中，没有人会预料它是否会成功。如果不去试，就没有任何反馈，这是最糟糕的事儿，因为你不知道下一步要怎么办，永远只能在做和不做之间徘徊。绝大多数人的固定思维中，成功的反面就是失败。其实不然。网上有句话说得很好："成功的反义词不是失败，而是平庸。"精彩的失败远胜于平庸的成功。

"爬"的阶段不仅是一段难得的试错期，更是一段难忘的人生旅程。当孩子长大成人后，很多父母最难忘的就是孩子爬的历程。这与企业的创业历程是多么相像？"爬"的阶段虽然艰辛，却令人难忘。寻找独特价值是企业"爬"的阶段的主要工作。独特价值就像"爱情"，不能完全用金钱（物质）来衡量，还要有感觉（体验），你是否传递了客户需要且喜欢的，比物质本身更重要。

这里面有企业文化的因素。独特价值是企业与客户互动之中产生的。

郑女士是我们的一个顾问学员，她经营着一家小小的面馆，以蚬子面为主打产品。用她自己的话说：正是我们的系统，伴随着她和她的面馆走过了从"爬"到"走"的历程。她曾经这样分享自己的人生之路："我出生在农村，天生自带对食品的敬畏心。18 岁随父母来到沈阳市进入工厂工作，感觉眼界大开，同时也明白自己知识的匮乏。于是，进入夜校刻苦学习。到了 40 岁，已经自学完成大专、本科，同时开始了对传统文化的学习。心灵得到净化却也进入了另一个迷惑期。我是谁？我此生的使命是什么？我如何度过一个有意义的重如泰山的人生？直到接触了企业家 11 点心智力让我过去点式的开悟有了一个系统的升华。我是一位爱的使者，此生的使命是让爱在人间播种、开花、结果。我开面馆，不仅是让人们吃到一碗健康的面，更是一个启发人们心里爱的场所，传递爱的驿站。"

正是秉持这样的初心，她开始在与客户的互动中显化她的独特价值。她的蚬子面的工艺非常讲究：特一级面粉现做现煮，没有固面剂、不用一滴油、没有催熟添加剂、纯天然、健康、安全。经过一称、二和、三揣、四压、五醒、六压、七分、八压、九煮九道工序后，面条天然的Q弹劲道都出来了。野生小蚬子是煮汤的极品，经过九洗九淘的工序，蚬汤干净味纯。面条在蚬汤里煮9分钟，完成了大海与小麦的完美结合。再配上店内秘制小菜和红绿泡椒酱，简直绝美。她的蚬子面信奉：好食材做出好食品。食材方面，使用特制一级面粉，特定海域的野生小蚬子，精选的大葱、绿瓜和盐，固定的比例，让各种食材相互参与、调和，用时间长短、火候大小，精心制成美味佳肴，用心良苦。

这是不是意味着她的蚬子面已经建立起自己的独特价值了呢？当然不是，这只是完成了独特价值的总结。独特价值的建立必须经历与客户的互动。

她的蚬子面由于工艺考究，煮面就要九分钟，如果前面有其他客人，等待的时间就会更长。这时，需要快餐的人就会走掉。对于一家尚未实现盈利的面馆，这绝对是对企业家的一个考验，任何一个企业家看着客户离开，心里都不会好受。如果没有对初心的笃定，是坚持不下来的。她知道她要传递的就是这样一份能量，这样一份本真，这样一份追求。这就是念的坚定。这时，那些不合适的客户就会走掉，而真正的客户就是认可这碗面独特价值的人，他们会留下来，并且会陪她走得更远。独特价值就呈现了。换言之，独特价值的建立是客户的意念与产品传递的能量同频共振的结果。你只要明白，你坚持走好你想要的路，做好当下的事，最终留下的就是你想要留下的人。当你想要留下的人越多的时候，这种能量就会变得越来越强。

企业家如一个刚学会爬的孩子，眼睛睁得大大的，嘴巴张开，露出没有长全的牙齿，也许嘴角还流着口水，一脸萌态，在爬行中，难免遇到磕磕绊绊，但无论如何不会退缩，不会阻碍他探索的天性。这才是企业家成长过程中最难能可贵之处，也是这一阶段让人难以忘怀的原因。

补充阅读：商业模式画布

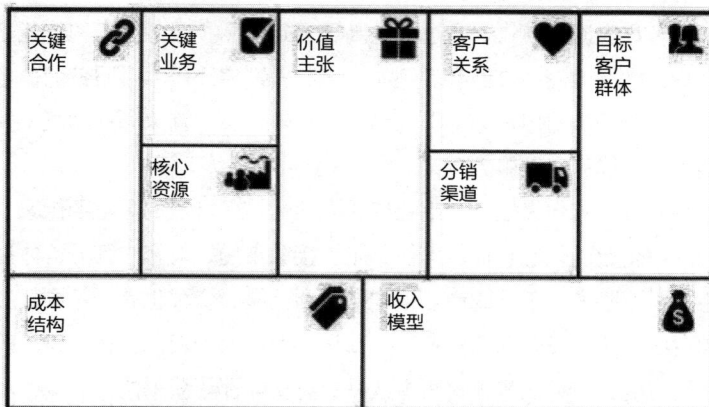

这就是亚历山大·奥斯特瓦德在他的畅销书《商业模式新生代》中展现的商业模式画布。

价值主张：即公司通过其产品和服务向客户提供的价值。价值主张确认了公司对消费者的实用意义。例如，我们经常听到的一些广告：麦当劳的价值主张是要给顾客带来欢乐，其精髓是永远年轻，故而它的广告语是"我就喜欢"；李宁的价值主张是要为年轻消费群体的梦想创造无限可能，故而它的广告语是"一切皆有可能"；耐克的价值主张是激励那些充满激情的人时刻进取，无论在运动上或者在风格上，都是最棒的，所以它的广告语是"JUST DO IT"。

目标客户群体：即公司所瞄准的消费者群体。这些群体具有某些共性，从而使公司能够（针对这些共性）创造价值。定义消费者群体的过程也称市场划分。

分销渠道：即公司用来接触消费者的各种途径。这里阐述了公司如何开拓市场，涉及公司的市场和分销策略。例如特百惠、戴尔、安利等企业所采取的直销模式，再比如麦当劳、万豪国际、星巴克、赛百味等企业所采取的特许经营模式，都是在分销渠道上建立了自己的独特优势。

客户关系：即公司与其消费者群体之间所建立的联系。最常见的一种就是客户忠诚度模式，通过提供高于实际产品和服务本身的价值来保留客户，确保他们的忠诚度。例如，体验式销售让产品或服务的价值通过其本身所提供的用户体验得以增加。另外，还有宜家和移动汽车共享等集团所采取的自助服务模式。

核心资源：用来描绘让商业模式有效运转所必需的最重要因素。核心资源使企业能创造和提供价值主张、接触市场、与客户细分群体建立关系并赚取收入。不同的商业模式所需要的核心资源也有所不同。核心资源可以是实体资产、金融资产、知识资产或人力资源。核心资源既可以是自有的，也可以是公司租借或从重要伙伴那里获得的。

关键业务：用来描绘为了确保其商业模式可行，企业必须做的最重要的事情。关键业务是企业得以成功运营所必须实施的最重要的动作。和核心资源一样，关键业务也是创造和提供价值主张、接触市场、维系客户关系并获取收入的基础。

关键合作：用来描述让商业模式有效运作所需的供应商和合作伙伴的网络。企业会基于多种原因打造合作关系，合作关系正日益成为许多商业模式的基石。

成本结构：亦称成本构成，用来描绘运营一个商业模式所引发的所有成本。创建价值和提供价值、维系客户关系以及产生收入都会引发成本。存在两种商业模式成本结构类型：成本驱动和价值驱动。成本驱动侧重于在每个地方尽可能地降低成本；价值驱动则不太关注特定商业模式设计对成本的影响，而是专注于创造价值。

收入模型：即公司通过各种收入流来创造财富的途径，用来描绘公司从每个客户群体中获取的现金收入。如果客户是商业模式的心脏，那么收入来源就是动脉。企业首先需要回答这样一个问题：什么样的价值能够让各客户细分群体愿意付款？只有回答了这个问题，企业才能在各细分群体上发掘一个或多个收入来源。一个商业模式可以包含两种不同类型的收入来源：一是通过客户一次性支付获得的交易收入；二是来自客户为获得价值主张与售后服务而持续支付的经常性收入。

本章精髓

1. 经营系统框架图

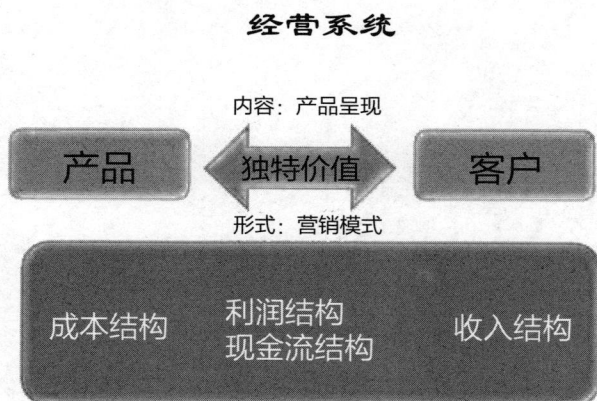

经营系统

内容：产品呈现

产品 ←独特价值→ 客户

形式：营销模式

成本结构　利润结构　现金流结构　收入结构

2. "爬"的阶段企业成长关键点

发展阶段	经营系统	管理系统	资源平台	文化系统
"爬"的阶段	经营系统建立	企业家管理、团队建设	发挥先天资源	vl 系统建立

3. "爬"的阶段企业家成长

发展阶段	工作特点	角色	特征能力	心智力	信念开关
"爬"的阶段	汗水 泪水	产品经理	创新工作者	激情 承诺	自我观 成果观

4. 企业在经营初期主要的任务是"活下来"，生存是这一时期企业存在的根本。

5. 管理的重点是产生一个愿意与您同心协力的团队。

6. 任何一个产品，都有两个功能：产品功能和经营功能。

7. 客户代表了现实的需求，产品寄托的是创业者的情怀；产品与客户的矛盾本质上是企业家情怀与现实之间的矛盾。

8. 一旦找到企业的独特价值，会有三个标志呈现出来：

一是目标客户逐渐变得精准；二是客户成交率明显提高；三是客户满意度大幅提升。

9. 营销模式三要素：

（1）人。

（2）产品。

（3）销售工具。

10. 经营初始化五件事：

（1）产品设计。

（2）产品结构设计。

（3）目标客户定位。

（4）产品呈现。

（5）营销模式。

11. 财务结构构成要素：

（1）成本结构。

（2）收入结构。

（3）利润结构。

（4）现金流结构。

12. 创业期企业活不下来的风险来自两个方面：

（1）商业模式不成立或不完全成立。

（2）资源和能力不足，没有机会完成前期试错。

13. 企业的核心团队是否经历过创业历程的艰难，对于企业未来的风险抵御能力至关重要。

14. 产品经理的职责：

（1）定义产品的边界，就是这个产品解决什么问题，不解决什么问题。

（2）定义客户价值，就是客户为什么要使用这个产品。

15. 激情就是对某种体验有着偏执狂般的热爱；激情背后的信念是自我观。

16. 承诺就是愿意为自己的激情用时间、金钱、精力，乃至于生命买单。

第五章

模式代老板，稳中求胜；杯酒释兵权，责任优先

恭喜你从创业阶段的九死一生中闯过来了，下一段航程，市场提供了良好的机遇，比起创业阶段，成长的确定性大大提高了。在这一阶段，盈利模式已经确立并基本稳定，增长的路径也清晰可辨，只要不犯常识性、基础性错误，通常都会有巨大的收获。

本章我们主要讨论的是企业如何活得"必然"，或者说企业要稳下来，让偶然赚钱转变为必然赚钱的过程。这也是在"走"的阶段经营的重点工作。在这个阶段，企业重点的经营工作是建立盈利模式，并用盈利模式把老板从日常工作中解放出来。何为盈利模式？如何建立企业的盈利模式？似乎每个人都有自己的理解，较起真来却又大多说不太清。这也是我们在总结这一系统地图中遇到的众多障碍之一。

更重要的是，在这一时期，"管理系统"的建立将是企业成长的重点环节，也是当前很多企业需要突破的瓶颈。管理系统架构如何搭建？其最核心的要素是什么？在企业这一发展阶段，"资源平台"与"文化系统"又呈现出怎样的特点，这都将是本章讨论的命题。

这一阶段企业家的成长，将从"产品经理"提升为"组织专家"。企业家成长为系统工作者，是突破这一阶段的关键。而活出角色的能量至关重要。如果说，企业家在上一阶段中是陈桥兵变、黄袍加身，到了这一阶段则是杯酒释兵权。企业家能经得住这样的考验吗？让我们拭目以待。

第一节 "走"的阶段的企业成长

一、经营系统

在"爬"的阶段，企业已经建立了自己的经营系统框架，完成了经营初始化的五件事儿，最关键的是找到了企业的独特价值。这时候的企业，生存问题基本已经得到了解决。当企业进入"走"的阶段时，下一个挑战就是规模化。要想实现规模化，就必须建立自己的盈利模式。

什么是企业的盈利模式？如何去建设企业的盈利模式？这是一个见仁见智的问题。在一次企业家座谈会上，讨论企业盈利模式的问题，会议大约进行了40分钟，但没有得出任何有价值的结论。这时我引发了一个问题，现场请10位企业家说说自己对盈利模式的理解。一个有趣的现象发生了，10位企业家竟然给出了10种不同盈利模式的定义和理解。我笑着说："现在知道我们为什么没有结论了吧。"大家一起笑了起来。

在企业经营领域，我们经常会发现：当提出一个概念时，很多人会认为我懂、我知道，但细究起来你会发现，每一个人对这个概念的理解是不一样的。这不仅发生在企业之间，甚至在同一个企业内部也会有这样的现象。这就给我们的沟通造成了很多的障碍和麻烦，这也是我们在总结企业经营系统以及企业发展规律时经常遇到的问题。如果说我们公司对行业有一点点的贡献，就是我们把很多似是而非的概念清晰化、明确化，并且制定了标准。这并不代表我们对这一概念的认识是正确的或完整的，但至少给大家讨论这一概念提供了一个共同的前提。也正是在这一次座谈会上，我提出了关于盈利模式的三个标准，在随后的研发工作中，我们又把这三个标准迭代为盈利模式的七个关键点。

我们认为一个企业是否建立了盈利模式，就看有没有系统解决三个问题：第一个问题是客户从哪里来，第二个问题是客户如何成交，第三个问题是如何实现持续购买。系统化解决了这三个问题，我们就认为这一家企业已经建立了盈利模式，反之就认为这一家企业的盈利模式还没有建立起来，至少是不完善的。那如何解决这三个问题呢？这里面有七个关键点。

先来看第一个问题：客户从哪里来？

这里面有两个关键点：可控潜客渠道与可控潜客策略。我们有一条基本的经营理念：你的客户早已是别人的客户，与其大海捞针不如借力打力。按照这一理念去思考，你会发现有很多你可以借力的潜在客户渠道。我们这里所说的渠道，并不仅仅是传统意义上的行业渠道。

第二个问题：客户如何成交？

这里面有三个关键点：成交策略、介入手段和销售动作。

成交策略的核心是制定合理而有效的成交点，关键是门槛的高低。门槛太高会影响成交率，而门槛太低会影响成交后客户对你的信任度，从而影响持续购买。那什么是介入手段呢？介入手段是一种借助于场景而影响客户成交率的手段。举一个例子，《三国演义》中有一个脍炙人口的故事。曹操兵败赤壁，在退回许昌的路上，曹操大笑了三次，第一次笑出了赵云，第二次笑出了张飞，第三次发生在华容道。曹操为什么选择走华容道呢？回许昌有两条道路可以选，一条是大路，平坦但稍微远一些，另一条便是华容道，虽近一点儿，但道路崎岖，车马难行。曹操看了看大路方向，没有任何动静，又望了望华容道方向，发现隐隐有炊烟升起。曹操暗想：诸葛亮多智，如果他在华容道设伏，必然不会让那里有炊烟升起，此时华容道有炊烟，正是诸葛疑兵之计。于是，决定兵进华容道，殊不知这正是诸葛亮参透了曹操的多疑，用炊烟引诱曹操上钩。这也引出了后文"曹操败走华容道，关羽义释曹孟德"的故事。这就是诸葛亮巧妙地使用了介入手段，让曹操做出了有利于我军的选择。在企业实际的调整案例中，我们曾通过把店面的接待区后移，延长客户在店内的滞留时间，从而增加客户的成交率；也曾经在羊绒衫专卖店的橱窗内摆放了两只羊的标本，来提高客户的进店率。这些都是介入手段的实际应用。销售动作就是对销售的流程与表述要点进行调整的方法。在此，我们仅就销售流程调整的开始部分举一个例子，供读者参考。未调整之前的电话是这样开始的："您好，我是××粉末涂料的。我们主要是生产特殊粉末涂料，用于金属的表面处理，请问您有这方面的需求吗？"一般得到的回答都是没有，或者有需求再联系。这就是无效的电话。我们调整之后，这段表述变成了这样："您好，我是××粉末的客服人员小张（向对方传递你在与一个和你一样有血有肉的人在通话）。我们在广交会上见过面（这个是推动信任的动作），您还记得吗？（这句问话，让对方与销售人员产生了第一次互动。）很多和您一样的客户选择我们的原因是，我们的粉末涂料可以帮助客户进行特殊的金属表面处理，让客户的产品在同行之中具有竞争力。您有这方面的需求吗？（这个是假设需求）"经过这样的调整，很多客户愿意与我们的销售人员继续聊下去。

第三个问题：如何实现持续购买？

这里面有两个关键点：一是客户终身价值策略，即从企业的角度，如何去规划客户持续购买的产品和服务，以帮助客户实现梦想或者满足需求。二是客户终身价值的实现，即通过什么样的手段和方式跟进客户，让客户持续购买。

当一个企业系统地解决了上面三个问题，我们认为这家企业已经建构了盈利模式。盈利模式没有最好只有更好，盈利模式建构起来之后，还要进行持续的改善。这就需要建设几个重要的子系统，如：客户管理系统、年度促销系统、客户分级系统、客户靶向性分析系统、客户跟进系统和客户转介绍系统。这些系统建立的本质是不断挖掘盈利模式的潜力，其中包括客户开发的潜力、客户购买的潜力，以及客户传播的潜力。通过不断地挖掘潜力，让企业的盈利模式持续得到改善。同时，企业客户开发与市场开发的过程就可以在团队实现复制，企业家就得到了一定程度的解放。

二、管理系统

在企业建构盈利模式时，企业家带几个助理和员工的组织形态，就已经不适合经营的要求了。这就需要组织的建设、管理流程的理顺，以及相应的分工。管理系统便开始搭建了。这是"走"的阶段，企业系统建设的重点工作。我们将在下一节中详加阐述。

三、资源平台

在经历了"爬"的阶段之后，进入"走"的阶段，开始有资源关注企业的发展，并主动寻求与企业的合作，特别是企业盈利模式建构成熟之后，资源的介入开始明显增加。为什么呢？原因很简单。企业盈利模式建构之后，资源可以通过该盈利模式实现变现。所以说这一时期资源是以变现为目标介入的。换言之，这一时期的资源合作，通常是为短期利益所驱动。这就决定了这一时期的合作往往体现为短期合作，合作伙伴的更迭速度比较快，有时甚至出现相互竞争的对手分别与你合作的现象。与甲合作的时候，乙就变成了你的对手，与乙合作的时候，甲又成为你的敌人。所以有人把这一时期的合作特点总结为：没有永远的敌人也没有永远的朋友，只有永远的利益。

这个时期的企业合作，有点儿像春秋战国时代，三国初期的十八路诸侯讨董卓，也类似。东汉末年，西凉太守董卓受大将军何进所邀，率军进京讨伐十常侍。其后董卓控制朝政，废黜汉少帝刘辩并将其杀害，改立陈留王刘协为帝，史称汉献帝。担任相国的董卓权倾朝野，肆意妄为，使得民怨沸腾，朝中有识之士对他的行为感到愤慨，计划除掉董卓。公元190年，各地诸侯纷纷起兵，他们推举渤海太守袁绍为盟主，会盟讨伐董卓。起初反董联军势如破竹，打得董卓迁都避祸，后来由于联军内部各怀心思，不思进取，甚至发生内讧，最终联盟解散，东汉进入群雄逐鹿的阶段。这就是短期合作的特点。

在基于利益的短期合作之中，企业有可能会发现，与某一家合作伙伴价值观比较一致，能力也比较互补。这种基于利益的短期合作，就可能转化为基于能力互补的长期合作，战略型合作伙伴也就产生了。战略型合作伙伴的出现，对于"走"的阶段的企业至关重要，标志着企业资源平台进入了一个新的发展阶段。

基于关键机遇的成长，可能是进入"走"的阶段企业的重要动力来源。这种机遇看似偶然，可能表现为某一种需求的快速增长，可能是有望与之建立关系的优质大客户，可能是因竞争结构变化、竞争者退出而出现的市场空间等。其实，这个偶然后面的必然，就是盈利模式的建设。各种机会一直是存在的，之所以我们在初创期关注不到或无法把握，是因为盈利模式尚未建立。

四、文化系统

企业在"爬"的阶段，文化系统的建设主要以外显的部分为主，比如，口号、象征物、仪式感等，统称为VI。在进入"走"的阶段后，文化系统需要配合管理系统的建设，制定相应的行为规范。当然，这些行为规范也并不能一下子建立起来。行为规范在"爬"的阶段就已经产生，但是根据当时的需要一点一点地建立起来的，还没有系统化。如同当年的海尔，行为规范的建立也是从"不准随地大小便"开始的。至此，文化系统的建设从 VI 阶段，进入了 BI（行为识别）阶段。

　　企业的行为规范是一个逐渐完善成为一种制度的过程。这也正是企业在"走"的阶段，文化系统建设需要经历的过程。

第二节 企业管理那点事——管理系统的建设

企业完成"走"的阶段的标志是规模化。因此，规模化产能保证是这一阶段管理建设的重要目标。企业运营体系与交付体系的标准化就是这一阶段的管理工作重点。在系统建设上，一个关键的问题就是完成管理系统的搭建。其要点是：健全组织架构，构建专业性的职能管理平台，完善决策支持和参谋体系，促进各项关键要素的生长、发育和积累，提升价值链各环节以及整体的运行效率。这些举措，写在纸上容易，在企业的现实操作中却殊为不易，相当多的企业就是没有通过这道坎儿，而止步于成长阶段。那么，管理系统该如何搭建呢？

一、打怪机制

管理系统的核心是什么呢？管理、管理，指的是两件事儿，管人和理事。管人的核心是晋升机制。

网络游戏真正吸引人的是什么？游戏玩家都懂得，其实就是一套打怪机制，一套特别能激励人的打怪机制。对网络游戏的打怪机制，我总结了五点：

一是主动奖励。就是你每次升级都会带来奖励，比如元宝的增加、各种资源的奖励等；二是被动奖励。比如你每天都会获得的元宝和奖励；三是幸运奖励。在玩游戏的过程中，我们经常会抽取一些东西，能不能抽到有价值的资源，主要拼的是运气；四是身份奖励。当升了几个级别之后，你就会获得某一种身份，身份不同我们就可以配置不同的武器，得到不同的坐骑等，这是一种对身份的认同感；五是额外奖励。网络游戏往往会配合当前的热点事件，比如世界杯等，推出一些额外的竞猜活动，这时你可能获得一份额外奖励。正是因为配合了这五项奖励，网络游戏的打怪机制才让你欲罢不能。参透了原理，我们把这五种奖励与企业的晋升机制相结合，在调整企业的实践中，取得了意想不到的效果。

二、业务流程

我们再来说说"理事"的核心——业务流程。业务流程，是为达到特定的价值目标而由不同的人分别和共同完成的一系列活动。活动之间不仅有严格的顺序限定，而且活动的内容、方式、责任等也都必须有明确的安排和界定，以使不同活动在不同岗位角色之间进行转手交接成为可能。活动与活动之间在时间和空间上的转移可以有较大的跨度。

如果把企业当作是一个黑匣子，企业的业务流程则可以认为是从客户需求到客户满意的一系列活动过程。迈克尔·哈默对业务流程的经典定义为：我们定义某一组活动为一个业务流程，这组活动有一个或多个输入，输出一个或多个结果，这些结果对客户来说是一种增值。简言之，业务流程是企业中一系列创造价值的活动的组合。达文波特则认为，业务流程是一系列结构化的可测量的活动集合，并为特定的市场或特定的顾客产生特定的输出。

人是业务流程的驱动者，组织中的每一个人都会在业务流程中充当一个角色。在良好的业务流程中，每一个人都会有自己清晰的职责，要具有良好的沟通协作意识和团队意识，明确自己在一个个业务流程中所担当的角色。对于流程运行中存在的问题或瓶颈，每个人都要积极提出修改的建议，或者在权限范围内直接修改，以促进流程的持续改进。管理人员和决策层更重要的职责是制定出业务流程的规则和约束，在这个规则和约束范围内，员工可以根据变化的商业环境对业务流程做出迅速修改，不必等到领导了解情况后再做出决策以致失去机会。从企业投资者的角度来讲，好的业务流程设计必然是能够为企业带来最高利润的设计。这不仅仅是因为好的业务流程体现为高效率和低成本，更重要的是，流程的背后是资源的分配。而资源的分配是企业战略布局的体现。举个例子：我们有一个做服装的学员企业，最开始是自己生产，在国外进行销售，后来产能不足便开始整合供应链，之后国外的市场开发非常顺利，几个大客户除了需求服装外，又延伸到其他领域。于是，就有了一个建设服装与相关产业平台的想法。这些转变都是在战略布局层面的转变，而这些转变的落地最终要体现到业务流程上。比如，对服装企业供应链进行整合，就需要加强自己的 QC（质量控制）部门和跟单部门。而一旦变成行业的平台，QC 和跟单反而可以考虑委托给第三方，而买手和外协的职能则需要增设。这就需要进行业务流程的重组与再造。

我们总结了一套企业的可控落地模型（见下图）。

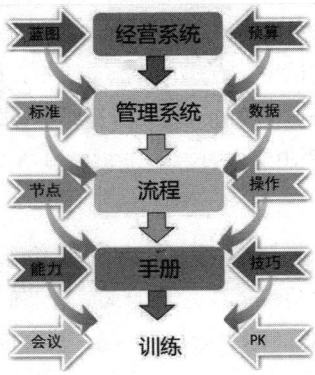

企业可控落地模型

我们认为经营系统落地于管理系统，管理系统落地于流程，流程落地于手册，手册落地于训练。

三、管理的四大子系统

法国管理学家法约尔在《一般管理与工业管理》一书中提出了管理的五大职能：计划、组织、指挥、控制和协调。后人概括为计划、组织、领导和控制四大职能。在实际操作中，我们把这四大职能作为管理的四大子系统来进行建设。

计划子系统包含两个要素：目标与预算。目标来自企业经营系统，因此我们常说，管理本身没有目的，管理的唯一目的是实现经营的目的。而预算则是为目标配备相应的资源。组织子系统包含两个要素：一是把合适的人放到合适的位置上，这个叫分工；二是让合适位置上的人，具备相应的工作能力，这个叫培训。领导子系统包含两个要素：硬的叫奖惩，软的叫沟通。控制子系统同样包含两个要素：面对面的控制方式是会议，背对背的控制方式是报表。这两个核心和四个子系统就构成了整个管理系统。

四、管理系统搭建的两种方法

我们辅导的企业，大部分属于中小企业，管理系统往往不健全。如何搭建管理系统呢？

第一种方法是从两个核心开始，进行晋升机制设计和业务流程梳理。这是大部分咨询公司运用的方式，特点是简单直接、一步到位。但由于改变了员工的工作习惯，这种方式在刚开始导入的时候，往往会遇到来自员工与运行团队的阻力，且导入期也容易遇到效率下降、出错率增加等调整反应。因此，这种方式需要企业家有较强的魄力，以及对企业员工较强的掌控力。第二种方式是从目标与控制子系统开始。这是我们企业辅导的方式，我们称之为经营目标会议控制系统。目标与控制子系统一旦建立，企业的管理就已经上了一个台阶，从企业家管理上升到结果管理，只要结果管理在企业里面运行半年到一年的时间，不用企业家提，企业的核心团队一定提出一个问题：只是结果管理，结果出来的时候，实际上我们已经无法改变，那怎么才能够从结果管理上升为过程管理呢？此时，企业家就可以顺水推舟建立企业的业务流程，然后通过业务流程推进组织子系统的建立，下一步就是通过领导子系统，对符合流程的行为进行奖励，对不符合流程的行为进行惩罚，奖惩机制和领导子系统也就建立起来了，这时再把员工的职业生涯规划与薪酬体系以及绩效管理结合起来，就形成了企业的晋升机制。到这里，企业的整个管理系统就建构起来了，企业也就顺利地从结果管理上升为过程管理阶段。这种方法循序渐进，阻力较小，有水到渠成之感，缺点是导入周期比较长，且中间容易出现一些反复。

五、企业的脖子

为什么第二种方式比第一种方式导入管理系统会更容易一些呢？所有管理者几乎都知道这样一句话：管理本身没有目的，管理的唯一目的是实现经营的目的。从这个意义上讲，我们经常把企业的经营系统，比喻成一个人的头脑，而把企业的管理系统比喻成一个人的身体。那么，什么才是连接经营与管理的脖子呢？这个脖子就是企业经营的目标会议控制系统。让我们先来看看这个脖子的结构（见下图）。

企业颈部结构图

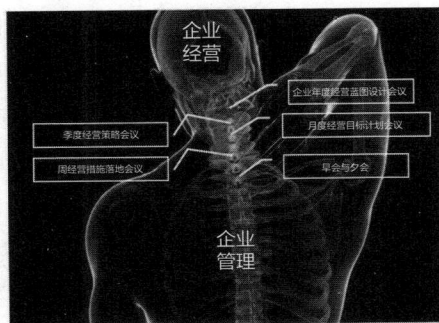

企业经营

企业年度经营蓝图设计会议

季度经营策略会议

月度经营目标计划会议

周经营措施落地会议

早会与夕会

企业管理

最上面的是企业年度经营蓝图设计会议。企业经营蓝图设计是我们独特的咨询服务项目之一，它是根据企业上一期的经营状况，对企业的业务单元、产品结构、财务表现、核心竞争力、营销动作、介入手段、品牌运作、加速系统、复制系统、组织系统、价值分配及成本结构等进行详细的数据分析，据此判断出本期业绩提升支点及系统建设支点，并制订行动计划。同时，根据行动计划编制出公司级经营指标体系和经营预算体系。与通常企业的年度战略规划会议略有不同，企业年度经营蓝图设计会议要经历两个阶段：一是挖潜力，二是压水分。

我们曾经帮助一家企业进行经营蓝图设计，这家企业上一年度营业额 1.3 亿元，本年度营业额目标确定为 1.8 亿元。在第一阶段挖潜力的过程中，我们组织该企业核心团队，对企业目标进行头脑风暴，运用经营六大子系统，对企业目标进行重新梳理，挖掘可能性，最后将企业新的目标确定为 2.43 亿元。在第二个阶段压水分的过程中，我们又与该企业核心团队一起运用预算和资源配置，对无法达成的目标进行压缩，最后得出的目标值仍然为 1.8 亿元。这时，企业的老板与核心团队都表示，现在的 1.8 亿元变得夯实了，感觉对于这个目标心里有底了。这就是企业经营蓝图设计带给企业的价值。在实际操作上，企业经营蓝图设计需经历四部分的工作：第一部分是企业深度诊断与经营数据分析；第二部分是企业经营支点与行动计划体系构建；第三部分是平衡经营指标体系；第四部分是经营预算分析。

年度经营蓝图设计会议之后，就是季度的经营策略会议。这一会议是对企业的经营进行具体的策略制定，相当于军队的战前参谋会议，中国古代称之为"庙算"。《孙子兵法》有云："夫未战而庙算胜者，得算多也；未战而庙算不胜者，得算少也。多算胜，少算不胜，而况于无算乎？"可见这一会议的重要性。反观现在的大部分企业，是缺乏这一会议的。原因很简单，这一会议之中有一个特殊的角色，一般企业是没有的。古代称之为帝王师或者军师，如我们熟知的诸葛亮、司马懿、刘伯温等，都是这样的角色。现代企业称之为独立董事。这一角色可以从第三方的角度，分析企业、市场、竞争对手与客户的情况，从而帮助企业制定最适合的经营策略。在辅导实践中，我们通过企业辅导计划的形式，帮企业完成经营策略的制定。而导师恰恰扮演了帝王师或军师这样的角色。

企业经营目标会议控制系统第三个组成部分，是企业的月度经营目标计划会议。如果说企业经营目标会议控制系统是整个企业的脖子，那企业的月度目标计划会议，就是脖子的七寸。第四个组成部分是企业的周经营措施落地会议，即周计划落地会议。第五个部分是企业的早会与夕会。在我们的辅导实践中，后面三个部分是由企业的执行顾问辅导企业核心运营团队一起完成的。用一句话来形容我们对企业辅导的方式就是掐脖子，这也是我们辅导体系有效的因素之一。

六、管理系统建设案例

回顾自己企业的发展历程，我们找到了产品带给客户的独特价值，标志着企业进入了从"爬"到"走"的阶段。这时，企业面临两个工作重点：盈利模式的建设与管理系统的搭建。

盈利模式就是要解决三个问题：客户从哪里来？如何成交？如何持续购买？在这三个问题中，最不需要我操心的就是第三个问题，持续购买的问题。经过我们辅导的客户，大部分处于高满意度和高黏性的状态，只要是有相应的需求，他们自动就会产生持续购买，如果没有这一需求，我们也绝不会因为自身的利益而要求客户持续购买，这是我们秉承的原则。关于客户从哪里来的问题，我们当时已经有三条客户来源渠道：一是顾问的感召与推进；二是客户的转介绍；三是渠道的开发。这是不够的。我们认为，一个完善的盈利模式，至少要有四条客户来源渠道。三点决定一个平面，但如果桌子只有三条腿，断了一条腿，这个桌子就会垮掉，而四条腿的桌子，即便断了一条腿，暂时也不会垮掉，会给你留出修补的时间。这就是我们要求一个完善的盈利模式，至少要有四个客户来源渠道的原因。为此，我们做了三种准备：一种是连接线上课程的来源渠道；一种是商业教练培养与转化的渠道；一种是企业学习组织。客户如何成交的问题，也是当时需要解决的重点问题，于是我们成立了若干个师兄顾问小组，确立了通过三次跟进，客户转化率 60% 的目标。

管理系统的搭建，首先离不开运营团队。于是，我们迅速组建了以核心团队为主体的运营团队，然后对其进行了分工。运营体系与交付体系的标准化，这一项工作也提上了议事日程。这部分工作是庞杂而细致的，所以必须分步骤、按计划进行。工作可以拆分为两大类：一类是眼前就需要建设的工作，如客户管理、财务体系、会务工作等。另一类是系统建设的工作，这部分工作至关重要，费时费力又很难即刻产生效果。主要由四项工作组成，我们制订了相应的计划步骤：第一步是目标计划会议；第二步是主体交付系统；第三步是主体运营系统；第四步是附属系统，即对上面两个系统的查漏补缺。这是我们自身完成"走"的阶段的总体工作布局，预计要两年完成。一般来讲，一个企业完成"走"的阶段的工作，大约需要两年的时间。这一阶段完成的标志是规模化。

作为一家专业的企业咨询机构，作为一名资深的企业辅佐者，我深深地知道：企业取得的每一点成绩，都与企业家与核心团队的努力分不开。我们只是在合适的时间做了一些合适的事情，恰好帮了一点小忙而已。也因有了这样的企业和企业家，才使我们的系统操作方法得以印证，使我们更加坚定自己的步伐。路漫漫其修远兮，吾将上下而求索。我们愿与更多的企业与企业家携手，为打造中国梦略尽绵薄之力。

第三节 "走"的阶段的企业家成长

一、工作特点

企业家经历了创业之初撸起袖子亲自干的阶段，进入了成长期。人力资源的配备是从"爬"到"走"的标志之一，最初配备的人员还是以辅助角色为主，最重要的市场和销售工作还是需要企业家亲自完成。于是，企业家的工作进入了酒水期。

随着公司的发展，企业家的工作特点也渐渐从酒水期变成了茶水期。此时，公司已经建立了可以复制的销售团队，销售经理承担了市场开拓与销售的职责。企业家开始通过"喝茶"的方式，与各部门的负责人讨论工作的目标与计划。从酒水到茶水，形象地演绎了企业家在"走"的前期与后期不同的工作特点。

二、主要角色

"走"的阶段企业家的主要角色从产品经理调整为组织专家。这一角色的转变，要求企业家把眼光从产品与市场调整为流程、团队和人。这一过程对很多企业家来说，并没有想象的那样容易，其中最具挑战的，就是如何用人的问题。很多企业家在这一阶段都面临一个问题：不敢招人，不会招人，即便招来了也不知道如何用。因此，这时的企业家倾向于找一些自己熟悉和信任的人，这是企业家没有过责任关和信任关的体现，这部分内容我们稍后详述。那企业家该如何用人呢？和我们大部分的同行不同，我们认为企业家用人不是个技巧问题，也不是个能力问题，而是一个心智力修炼的问题。企业家用人的关键，就一句话——摆脱自私。摆脱自私，其实就是一种立场的变化。当你要用一个人的时候，你首先要想明白，这个人在你的系统中是如何创造价值的？然后如何获得价值的回报？他的基本需求是什么？如何在你的系统之中得到满足？当你把这些问题想明白的时候，你自然就明白如何用这个人。这时你与人才建立的，就是共生的关系。反之，企业家就会站在人才的对立面，双方就很难跳出患得患失的困境。

企业在"走"的阶段，管理系统的搭建是系统建设的重点，但仍然需要建立在经营系统盈利模式建设的基础之上，否则企业家将难以回答人才如何在系统之中创造价值的问题。这也是大多数民营企业普遍存在的问题，在不知道如何创造价值的基础上谈价值回报，企业管理就变成了背本趋末。

三、特征能力

企业家的特征能力，要从创新工作者提升为系统工作者。创新工作者的特点，是靠点子解决问题。一旦提升到系统工作者，企业家马上就会发现，过去靠点子解决的问题，80% 甚至更多是不需要解决的。正如一个人得了感冒，吃药七天，不吃药一个礼拜，其实没有区别。这是企业家在成长过程中获得的第一个智慧——知止。所以一个系统工作者学会的第一点是搁置问题或延迟处理问题。这看似简单的变化，代表企业家的内心世界进入了更加平稳而笃定的状态。然后，系统工作者会发现问题与问题之间的关联性，以及每一个问题对整体、对系统的影响。他开始能够区分痛点性问题（鱼钩问题）与支点性问题（长矛问题）、表面性问题与问题的本质。系统工作者会发现，在痛点处解决问题，往往是得不偿失的。一方面，在痛点处解决问题如隔靴搔痒；另一方面，在痛点处解决问题，往往会造成新的问题，甚至是更严重的问题，如同按下葫芦起来瓢。我的一个同事，对此曾做过一个形象的比喻：痛点就如同我的胳膊，被蚊子咬了一个包，很痒很难受。怎样解决呢？最简单的方法就是挠挠，挠挠就不痒了。可发现，过了一会儿还会痒，再挠就会流血，再挠就会化脓。系统工作者不会在痛点解决问题，而是会在支点用力，不会被鱼钩挂住，而只会关注长矛问题的解决。企业家要成为系统工作者，不仅要靠系统思维的养成，更要完成系统框架的学习。企业家进入"走"的阶段，很容易发现自己在系统框架方面的缺失。而对于中小企业来讲，经营系统与管理系统是两个相对比较重要的系统，所以大部分企业家会在企业发展的这个阶段进行系统的学习。在企业"走"的阶段初期，往往是企业家学习力最强的时期。下面我们用一段小故事，对比一下创新工作者与系统工作者的不同。

《三国演义》中有这样一个故事：大司徒王允一心想除掉奸贼董卓，但苦无对策，便假装宴请朝中忠义之士前来祝寿，晚些才告知众位实情。众人听罢，皆愤愤然，放声恸哭。唯有曹操大笑。大司徒王允单独召见曹操，定下了刺杀董卓之计。王允将自己收藏的七星宝刀送给曹操，第二天，曹操去见董卓，董卓坐于榻上。曹操正欲刺杀，拔刀间，董卓见衣镜之中有刀光闪过，立即斥问曹操。此时，吕布也回来了，曹操跪地举刀曰："操有宝刀一口，献上恩相。"然后假借试马，飞奔逃走。这就是"孟德献刀"的故事，体现了靠点子和急智解决问题的创新工作者的特点。之后，曹操逃回老家陈留，他明白，靠刺杀董卓一个人是不足以救天下的。于是，尽散家私，组织乡勇。发矫诏，联合十八路诸侯，共讨董卓，并推举当时更加德高望重的袁绍作为十八路诸侯的盟主，这些都体现了系统工作者的思维。

四、心智力与信念

在"走"的阶段，企业家需要突破的心智力是责任与信任。责任背后的信念是角色，责任不是对人说的，而是对角色说的。你可以说，这是一个负责任的企业家，但不是一个负责任的父亲。你不可以说，这是一个不负责任的人。不具备责任这项心智力的人，是如何看待角色的呢？他们会认为角色是固定不变的或难以改变的，抑或说他们把角色当作了自己。当遇到问题时，就会产生两种倾向。

第一种倾向会把事情的责任都强加在自己身上，就算实际上责任并不在他们身上，但他们仍会有这种行为。他们经常说"我本来可以做""我应该要去做的""要不是我，这件事情也不会变成这样""都怪我……"如果表现严重，就是神经症倾向。第二种倾向是极力排斥承担责任，只要一有机会便会为自己开脱。他们经常说"我不可以""这不关我的事""我不想去做""这不是我应该做的事……"严重时，称为人格失调。

这两种倾向，一种似乎是在承担责任，另一种似乎是在推卸责任。其实，它们都是受害者倾向，是不具备责任这项心智力的体现。责任不等于承担责任，更不等于追究责任，更无关于谁对谁错。具备责任这项心智力的人，会视角色为可变的，他们如同一个优秀的演员，知道角色不是自己，自己需要扮演好这一角色。我们甚至可以认为，责任力就是活出角色的能力。修炼出责任力，并不是一件简单的事儿，尤其是从企业创业期的激情和承诺，转变为成长期的责任和信任，对一个企业家来讲，他的心路历程必会经历过一番挣扎。

历代帝王中，较能体现责任这种心智力的是宋太祖赵匡胤。后周显德六年（959年），后周世宗柴荣病死，继位的恭帝时年只有7岁，政治不稳。次年正月初一，忽然传来辽联合北汉大举入侵的消息。当时主政的符太后毫无主见，听说此事，茫然不知所措，问计于宰相范质。范质暗思朝中大将唯赵匡胤才能解救危难，不料赵匡胤却托言兵少将寡，不能出战。范质只得委赵匡胤最高军权，可以调动全国兵马，赵匡胤统率大军出了东京城，统军夜宿距开封东北 20 公里的陈桥。这天晚上，赵匡胤的一些亲信在将士中散布议论，说："今皇帝幼弱，不能亲政，我们为国效力破敌，有谁知晓；不若先拥立赵匡胤为皇帝，然后再出发北征。"这时赵匡胤的亲信赵普见时机成熟，便授意将士将事先准备好的黄袍披在醉酒刚醒的赵匡胤身上，皆拜于庭下，呼喊万岁，遂拥立他为皇帝。赵匡胤说："你们自贪富贵，立我为天子，能从我命则可。"拥立者们一齐表示"惟命是听"。赵匡胤当众宣布，回开封后，对后周的太后和小皇帝不得惊犯，对后周的公卿不得侵凌，对朝市府库不得侵掠，服从命令者有赏，违反命令者族诛，诸将士都应声"诺"。于是，赵匡胤率兵变的队伍回师开封，这是一次几乎"兵不血刃，市不易肆"的兵变，历史上称为"陈桥兵变"。此时的赵匡胤可以说是处于激情与承诺的状态中。

在结束五代十国局面后，宋太祖赵匡胤开始活出皇帝的角色。他面临着两个问题：一是如何重建中央集权的专制统治，使唐末以来长期存在的藩镇局面不再出现；二是如何巩固新生王朝，使之不再成为五代之后的短命王朝。建隆二年（961 年）七月的一天，宋太祖把石守信等高级将领留下喝酒，酒兴正浓时，宋太祖突然屏退侍从。他叹了一口气，说："若不是靠你们出力，我是到不了这个地位的，为此我从内心一直念及你们的功德。然而，当天子太过艰难，还不如做节度使快乐，我每晚都不敢安枕而眠啊！"石守信等人惊骇，忙问其故。宋太祖继续说："我这个皇帝位谁不想要呢？"石守信等人听了，知道话中有话，连忙叩头说："陛下何出此言，现在天命已定，谁还敢有异心呢？"宋太祖说："你们虽然无异心，但你们的部下如果想要富贵，把黄袍加在你们的身上，你们即使不想当皇帝，到时恐怕也是身不由己了。"这些将领一时惊恐，都哭了起来，恳请宋太祖给他们指一条生路。宋太祖缓缓说道："人生在世，像白驹过隙，想得到富贵的人，不过是想多聚金钱，使子孙后代免于贫乏而已。你们不如放弃兵权，多置良田美宅，为子孙立长远产业；多买些歌姬，日夜饮酒相欢，以终天年；朕同你们再结姻亲，君臣之间，两无猜疑，上下相安，这样不是很好吗？"第二天，石守信等上表称病，纷纷要求解除兵权，宋太祖欣然同意。这就是"杯酒释兵权"的故事。

宋太祖赵匡胤之所以能够做到这一点，与他具备活出角色的能力有很大关系。他首先非常清楚自己所扮演的角色——皇帝，为了他统治的天下长治久安，需要做什么？然后，他又能够灵活地变化自己的角色，站在执掌兵权的将领的角度去思考问题。最后，把自己的担心和恐惧放在桌面上，与自己的将领进行交流，并且最终达成了解决这一问题的最佳方案。

责任这项心智力，在"走"的阶段企业家的成长中至关重要。只有企业家能够活出自己的角色，又能明白角色并非自己，才能够在角色之间自由转换，最终跳脱出自私自利，进而学会用人，把自己与团队的关系，从我和你变成我们。否则盈利模式的打造也好，管理系统的搭建也罢，都只是海市蜃楼。而责任的本质，有关于人类终极的自由，即我们是自己的选择。我们通过选择成为"你是的人"。你的过去、你今天的生活状况，以及你的未来，是你自己选择的结果，不是外界强加给你的。既然是自己的选择，就应该为选择负起责任，为现在所得到的一切负起责任，为自己的生命、行动或不行动，负起责任。这就是责任心智力的本质。

在"走"的阶段，企业家还有一项重要的心智力需要建立，那就是信任。先来问自己一个问题：信任一个人与什么有关？有人会说，与他的学识和专业有关；有人会说，与他的能力有关；有人会说，与他的长相有关；有人会说，我需要一段时间对他有所了解；有人会说，我需要更多地跟他接触沟通；有人会说，我需要和他一起经历一些事情……每个人判断一个人是否值得信任都有自己的标准，这个标准从自己的角度出发，或者来自生活的阅历，或者来自学习的知识，或者来自生活的感悟与总结，都是有道理的。需要留意的是：上面所有答案的共性，都是信任与"他"有关，或者说信任与别人有关，与某些外在的因素有关。而这恰恰是缺乏信任心智力的体现。具备信任心智力的企业家的信任不是由别人决定的，而是由自己决定的，或者说信任与别人没有关系，与自己有关。

　　一个优秀的企业家，知道人与人的立场是不同的，也明白这种立场是可以调整和变化的。这样，他才可以做到：我明知你做这件事情，没有我尽心尽力，甚至能力也不如我，但我仍然愿意信任你，并愿意为你的结果，甚至是错误的结果买单。这就是信任心智力的体现。

本章精髓

1. 管理系统框架图

管理系统

计划 -目标 -预算

组织 -分工 -培训

流程晋升

控制 -会议 -报表

领导 -沟通 -奖惩

2. "走"的阶段企业成长关键点

发展阶段	经营系统	管理系统	资源平台	文化系统
"走"的阶段	盈利模式打造	管理系统建设	从短期的利益合作变为长期的能力互补合作	BI 行为规范

3.“走”的阶段企业家成长

发展阶段	工作特点	角色	特征能力	心智力	信念开关
“走”的阶段	酒水期 茶水期	组织专家	系统工作者	责任 信任	角色观 立场观

4. 盈利模式系统建设需要解决的三个问题：

（1）客户从哪里来？

（2）客户如何成交？

（3）如何实现持续购买？

5. 解决客户从哪里来的两个关键点：

（1）可控潜客渠道。

（2）可控潜客策略。

6. 你的客户早已经是别人的客户，与其大海捞针不如借力打力。

7. 客户如何成交的三个关键点：

（1）成交策略。

（2）介入手段。

（3）销售动作。

8. 如何实现持续购买的两个关键点：

（1）客户终身价值策略，即从企业的角度，如何去规划客户持续购买的产品和服务，以帮助客户实现梦想或者满足需求。

（2）客户终身价值的实现，即通过什么样的手段和方式跟进客户，让客户持续购买。

9. 管理体系

管理就是管人和理事，管人的核心是晋升机制，理事的核心是业务流程。

10. 打怪机制的五项奖励：

（1）主动奖励。

（2）被动奖励。

（3）幸运奖励。

（4）身份奖励。

（5）额外奖励。

11. 企业的可控落地模型：经营系统落地于管理系统，管理系统落地于流程，流程落地于手册，手册落地于训练。

12. 企业管理系统搭建的两种方法：

（1）从核心开始进行业务流程梳理和晋升机制的设计，特点是简单直接、一步到位，但阻力较大，需要企业家较强的魄力，以及对企业员工有较强的掌控力。

（2）从目标与控制系统开始，特点是循序渐进、阻力较小、水到渠成，缺点是导入周期较长，中间容易出现反复。

13. 企业经营目标会议控制系统的构成：

（1）年度经营蓝图设计会议。

（2）季度经营策略会议。

（3）月度经营目标计划会议。

（4）周经营措施落地会议。

（5）早会与夕会。

14. 责任心智力

不是追究责任，也不是承担责任，而是活出自己角色的能力。他必须扮演好自己的角色，同时又知道角色不是自己，这样才能够在角色之间自由转换，最终跳脱出自私自利。

15. 用经营思维思考用人的四项原则：

（1）他在你的系统中如何创造价值。

（2）他如何获得价值的回报。

（3）他的基本需求。

（4）他如何在你的系统中得到满足。

第六章

三军已动，粮草可有出处；富国强兵，共赢打造平台

　　企业成长到这一阶段时，在"经营"方面，我们要讨论的是做大和做强的问题。怎么做大？如何做强？本章我们会做出详尽的分析，并给出方向性的指导意见。

　　在"管理"方面，建立总部管理中心，将成为本阶段的工作重点，这样才能更好地完成做大做强的企业经营任务。"资源平台"的作用和价值在此阶段开始体现，这也是本章阐述的重点。"文化系统"方面，在这一发展阶段开始彰显出其使命、愿景、价值观，即进入MI（理念识别）阶段。

　　在企业家成长的环节里，由于分公司、子公司抑或招商加盟等形式的出现，企业家的角色、工作特点、特征能力将进一步提升。这一切都在为企业的做大做强奠定基础，而其中共赢和欣赏心智力的养成，将成为该阶段企业家成长的标志。

第一节 "跑"的阶段的企业成长

一、经营系统

企业在"跑"的阶段的思维基点是做大做强,这就让企业家面临着两个考验:一是,企业的战略重点发生了转移,由生存转向争夺发展机会和资源;二是,企业的决策者要保持清醒的头脑,客观评价企业实力,避免因盲目扩张使企业陷入困境。而企业是先做大后做强,还是先做强后做大?这个问题我们已经在第一章中讨论过了,不再赘述。本章讨论的重点是企业如何做大、如何做强的问题。

曾经有一个广为流传的段子:先定个小目标,1个亿。在实践中,这还真是大部分企业可以先定的一个小目标。第一,几乎没有任何一个行业,是做不到1个亿的。我们曾经接触的一个学员企业是做驴肉的,这个企业的1家店1年能给总部带来业绩贡献只有1万元,确实不多,经过诊断和梳理,我们发现投资1家这样的店,只需要7万元,一个人看店，辐射的商圈范围基本在步行5 ～ 10 分钟的社区，客户以常客为主，选址的普适性极强，很容易回收投资。只要建立了中央厨房，并把配送问题解决，再通过 10 店联合投资的方式，降低投资者的风险，这是一个很容易复制的项目，基本上 3 ～ 5 个省，就可以做到 1 万家店的规模。就算不考虑挖掘单店的盈利潜力，基本上也可以达到 1 个亿的营业额。生意本身没有大或小，只要把复制的问题解决，就能够做大。第二，如果行业的利润率足够，1 个亿的营业额可以达到 25% ～ 30% 的利润，这样的企业活得就比较滋润了，也具备了独立走资本市场的基本条件和资格，同时很容易被资本市场看好。

企业做大，就是要解决复制力的问题。复制力有四个关键点：一是用什么样的模式进行复制？这个问题在现阶段尤为重要。传统的代理和经销模式，受网络的冲击越来越大。而所谓的新零售，很容易进入传销的泥潭。二是市场规划的问题。所谓市场规划，最落地的解释就是先做哪儿、后做哪儿，哪里自己做、哪里别人做的问题。三是招商系统。这一系统解决的是谁适合和你一起干的问题，这也是在复制中较为关键的一个子系统。很多的企业，把招商仅仅理解为融资和融资源，这是远远不够的，也是企业浮躁的体现。在实际操作中，有些企业的招商意在建立自己的销售队伍，有些企业的招商是寻找事业的合伙人，有些企业的招商是行业渠道的拓展，还有一些企业的招商是渠道的创新。四是支持系统。这才是复制的根本。只有招商没有支持，模式再好也只是昙花一现。招商系统解决的是谁和你一起干的问题，支持系统解决的是和你一起干能不能赚钱的问题。如果答案是肯定的，这就是一个长远的企业，如果答案是否定的，这就是一个短期的项目。

辽宁某公司的创始人唐总是一位极具商业智慧和商业才华、风趣幽默的企业家，也许是继承了爷爷和姥爷做生意的天分，就读法律专业的唐总大学期间就对做生意有着浓厚的兴趣，寒暑假期，别的同学出去旅游或回家休息，唐总却摆起了地摊儿。现在回想起来，虽然当时赚不到多少钱，但为唐总步入社会提供了宝贵的经验。大学毕业后，唐总做起了服装生意，最开始以外贸货为主，为了收外贸库存，唐总几乎跑遍了省内的每个外贸工厂。创业期的激情与承诺，再次显现在这个创始人的身上，唐总先后代理了以纯、歌莉娅等知名品牌，还曾注册过自己的品牌。

2003年末，唐总感到做餐饮更有优势，便以8万元租金、8万元对价、8万元装修，总计24万元的投资，以丹东肥蚬子进军餐饮业。没想到一做就是16年，回顾16年的历程唐总不无感慨：一个人做一个行业，每天做16个小时，连续做16年，不可能不成为这个行业的牛人。丹东肥蚬子曾经在东北餐饮业红极一时，最多时沈阳市就有800多家店。然而，没几年就纷纷倒闭，最后剩下不到5家，唐总的这家店是这五家之一。

2016年，为了帮朋友做一个上市的项目，唐总选择把自己所有的生意停掉。唐总回忆起最后一天最后一桌客人离开之前说的话：我儿子满月的时候，就是在这一桌吃的饭，今年他14岁了，还是在这里。那份不舍，恐怕只有历经过磨难的人才懂。

经历过两年多的风风雨雨和起起落落，唐总再次选择了他熟悉的餐饮业，开始了他二次创业的历程。用唐总自己的话说：一个死过一回的人，在奈何桥没喝孟婆汤，保留了前世生生死死的记忆，现在回到起点重新玩儿，还有什么是他不明白的。唐总认为：人们从吃饱到吃好，吃品质的时代已经到来，日本料理将是很好的载体之一，加之太太在日本生活过3年，系统学习过日本的花式寿司及饮食的做法。夫妻俩一拍即合，截止到2019年7月，已经有3家店加盟。下面，我们就用复制力的四个关键点，破解一下唐总的经营模式。

唐总的复制模式是加盟连锁。加盟连锁按照投资与经营主体的不同，可以有四种不同的业态：自己投资自己经营叫直营连锁；自己投资别人经营叫委托加盟；别人投资自己经营，或者别人和自己共同投资，自己经营，就会形成不同形式的投资托管或合作连锁；别人投资别人经营，就会形成加盟连锁特许加盟。除了第二种，其他三种业态，都是唐总愿意去尝试的。再来看市场规划，唐总基本设定了第1年以沈阳为基础，第两年发展辽宁省，第 3 年发展东三省的规划，以区块深耕的方式逐渐占据市场的策略。在招商系统方面，唐总正在通过自营店与初期的几家加盟店积累数据、测试盈利模式、计算投资收益，并根据合作模式的不同设计不同的招商合作政策。这正是招商系统的关键所在。

在支持系统方面，唐总的做法体现了独特的行业经验。从选址到合同的签约，从第三方的装修设计到门店装修，从菜品的标准化到招人培训，从门店的软装到绿植，从朋友圈和网络营销到门店的运营管理，唐总的公司都建立了专业的支持系统。此外，唐总的公司还建立了专业的营销库与产品库，用于支持合作门店的促销与产品更新。另外，试营业分为三个阶段：第一阶段是老板亲朋好友的试吃阶段；第二阶段是零星上门客人的试吃阶段；第三阶段是 10 天的试营业期。然后，才进入正式营业。当问及唐总为什么要这样设计时，唐总微笑着说："细节决定成败，这是在实践中总结出的教训。之前做餐饮的时候，就曾发生过第 1 天营业，退菜额达到 1.6 万元的情况。"唐总在餐饮业的经验之丰富，由此可见一斑。

企业做大靠复制力，企业做强靠竞争力与品牌力，竞争力运作和品牌运作是相关的两件事儿。在与企业家进行讨论的时候，我经常会问一个问题：是先有的竞争力后有的品牌，还是先有的品牌后有的竞争力。这似乎又是一个先有鸡还是先有蛋的问题。这次答案没那么简单。在实践中，两种情况确实都有，但在思维逻辑上，却有一个先后顺序。先来看看我们对竞争力运作与品牌运作的理解，我们认为核心竞争力是能够为客户带来独特价值的系统化的组织能力。换言之，核心竞争力有两个判断标准：一是能够为客户创造竞争对手无法创造的独特价值，即与竞争对手存在差异化；二是必须系统化为组织能力，而不是负载在组织里边特殊的一两个人的身上。

记得影片《泰囧》里面有一个著名桥段：王宝强说一个葱油饼卖 2.5元，一个成本大概 1 元，一天能卖 800 个。徐铮马上说 1 个月能赚 3.6万元，1 年差不多赚 50 万元，如果开 5000 家加盟店，每年就可以赚 3

亿元，不出两年就可以主板上市。于是，徐峥说："你把配方卖给我吧。"王宝强答："行啊，我的配方就是，必须我亲自做，不能请人，不能速冻，必须得新鲜出炉。"徐峥接道："所以你一辈子只能做葱油饼，你知道吗？"这就是必须把核心竞争力系统化为组织能力的重要性。品牌运作是把这种差异化的核心竞争力提炼出来，有效地传递给目标客户，并且获得目标客户认同的过程。换言之，品牌运作是建立在核心竞争力的基础之上的，缺乏核心竞争力的品牌运作，如同无源之水、无本之木，这也是很多的品牌运作昙花一现的原因所在。海尔在中国之所以深入人心，是因为海尔把服务作为一种独特的价值，并且系统化为组织能力，让所有的海尔消费者真实地感受到、体验到，并且获得了海尔消费者的普遍认同。所有具有价值的品牌，无一不是通过这样的竞争力运作与打造的过程，才能真正做到历久弥新。那些希望通过短期集中大量的传播与炒作的企业，最终只不过是获得短期的品牌知名度，如海滩上的沙碉经不起潮水的冲击。

二、管理系统

在企业上规模的同时，管理变得越来越复杂，对企业管理正规化、科学化的呼声日益高涨。在企业"走"的阶段，管理系统已经完成了搭建，进入"跑"的阶段之后，企业管理系统的重点开始转为集团化管理，即管理中心对各大分支机构进行的管理。管理中心的职能，体现在两个方面：一是输出；二是托管。输出是指集团管理中心通过手册、培训或辅销等形式，对分支机构进行管理复制的过程。托管是指由集团管理中心直接派人到各大分支机构，接管分支机构的管理工作。这一般是分支机构的管理团队出现意外情况的时候才会采取的应急措施或补救措施。集团管理中心对各分支机构的管理重点，有以下两个：一是目标管理；二是财务管理。此外，还有两项非重点的常规管理：市场管理与人力资源管理。这就是在"跑"的阶段，企业管理的主要工作。

唐总的公司就承担着加盟连锁店的管理中心的职能。在机构设置上，公司把财务与采购职能合并，实现网络采购网络支付，让每一分钱都有痕迹，保证财务与采购系统的透明与阳光；产品研发由天生爱厨房的女主人担当；督导部负责实现各加盟连锁机构的管理输出和相应的支持；发展部负责整个市场开拓和招商工作；此外，公司还设有负责整体对外传播的市场部和人才引入及管理的人力资源部。这基本上是企业管理中心的典型组织架构。

三、资源平台

企业为了进一步发展和规避经营风险，在这一阶段会通过资源平台的搭建进入多元化发展，这就对企业筹资和投资能力的要求也进一步提高了。

资源平台的构建是企业在"跑"的阶段的重点工作，这一部分将在下一节中详述。

四、文化系统

经过多年的经营，企业已逐渐形成自己的经营理念，培养出具有本企业特点的企业精神，创出了企业名牌，在公众中树立起良好的形象。

企业文化系统在经历过"爬"的阶段的视觉识别，以及"走"的阶段的行为识别后，理念识别变得越来越重要。这才是企业文化系统的核心部分，即企业的使命、愿景、价值观，这部分内容将在下一章中详述。在此，我们仍然结合唐总的案例加以说明。

经过我们的盘点，唐总总结出了企业的使命和价值观。这一使命，没有那么高大上，却能够感受到唐总为人处事的人性和情怀。用唐总的话说，他的公司其实就是夫妻两个人用应季的食材，做自己会做爱吃的料理，为街坊邻居提供的一个有温度的社交美食空间。在谈到企业价值观的时候，唐总的表达更加接地气：企业的价值观，暂时总结了两条，还不够完善，还需要随着企业的发展进一步总结。第一条：傻点。对供应商傻点，多花一点钱，进一点好的食材；对员工傻点，多包容他们的缺点和错误；对街坊邻居傻点，少赚点钱，多提供点服务和好吃的料理；对合作伙伴傻点，让他们赚大头儿。第二条：我来。有需要帮助的人，我来；有没干完的活儿，我来；街坊邻居，有点为难的事儿，我来；心里有点烦，想找人聊聊天，我来。在上一章中，我们重点讲到了责任这项心智力。责任背后的信念，是角色的灵动。"我来"价值观的本质，恰恰体现了角色的灵动性。

第二节 企业资源那点事——资源平台的打造

三军未动，粮草先行。资源对于企业的重要性可见一斑。企业必须掌握创造财富的资源，以达到创造顾客的目的。企业重要的功能之一，就是有效地利用一切创造财富的资源。在经历过之前两个阶段后，企业资源平台的打造，终于进入了企业的议事日程。

让我们先来搞清一件事，到底什么是企业的资源？企业的资源分为两类：直接资源与间接资源。直接资源有两种：产品与客户。这是商业系统的两个关键元素。在第四章中，我们已经讨论过这两个元素。间接资源大体可分为四类：人、财、物、信息。间接资源只有转化为直接资源的时候才可以被企业运用。企业资源平台的打造，就是为了顺利完成企业间接资源向直接资源的转化。

一、企业大学

管理大师彼得·德鲁克认为，人力资源拥有当前其他资源所没有的特性，即"协调能力、融合能力、判断力和想象力"；它是一种特殊的资源，必须经过有效的激励机制才能开发利用，并给企业带来可见的经济价值。20世纪60年代以后，美国经济学家舒尔茨和加里·贝克尔提出了人力资本理论，这一理论的提出使得人力资源的概念更加深入人心。企业无人即止与以人为本等观念，也如雨后春笋般孕育而生。

在实践中，企业关键岗位上的人才，由于其重要性及企业做大的复制要求，必须大部分依靠自己培养。我们认为关键岗位上的关键人才，75%以上要靠自己培养，空降比例不能高于25%，否则就会造成企业文化传承的风险与障碍。

值得一提的是，企业老板与人力资源部对人才的定义往往是不同的。此前我曾写过一篇文章，就这一话题进行过较为深入的讨论，其中有一段是这样写的："企业家对人才的定义往往不同于人力资源部。人力资源部评价人才的标准为胜任能力，换言之，如果一个人在岗位上足以胜任工作，就可以定义为人才了。而企业家更多考虑的是理念与范畴，如果理念和范畴不同，能力再好也是暂时的，长期来看，不仅不会给企业带来发展，可能还会带来伤害，且人才的级别越高，伤害越大。"由于每个企业都有不同的理念与范畴，所以企业的关键岗位人才必须自己培养。人力资源平台的打造，正是基于这一基本需求应运而生的。人力资源平台一般以企业大学的形态存在。

1956年，全球第一所企业大学通用电气公司克劳顿学院正式成立。之后，企业大学在全球迅速崛起。20世纪80年代开始，企业大学进入快速发展期，全球企业大学从20世纪80年代中期的400多所到2010年达到3700所，财富世界五百强中近80%的企业拥有或正在创建企业大学。在美国的上市公司中，拥有企业大学的上市公司平均市盈利比没有企业大学的市盈利明显要高。之后，越来越多的企业特别是大型名企，认识到企业大学的重要性，开始着手构建自己的企业大学，企业大学建设空前高涨。截至2011年底，中国已建成的企业大学超过400所（其中外企在华创建的企业大学超 80 所，中国本土企业大学超 320 所），加上民间低调成立的企业大学或超过 1000 所。未来企业大学数量将继续增长，同时企业大学的价值将更加凸显。当今中国企业面临着众多的挑战和压力，其中一方面就是企业如何在全球化背景下进行转型变革，走上一条新的道路。企业大学是变革转型的加速器和推进器，在企业转型和创新时期，起着关键的作用。

二、资本运作

企业的资源平台，以资本运作的形态存在。资本运作是指利用市场法则，通过资本本身的技巧性运作或资本的科学运动，实现价值增值、效益增长的一种经营方式。简言之就是利用资本市场，以小变大、以无生有的诀窍和手段，通过买卖企业和资产而赚钱的经营活动。资本运作不以经营企业利润为主要目的，而是以经营企业本身的价值为主要目标。

在资本运作中有一点至关重要，就是资本运作不能脱离企业创造价值的商业本质。如果脱离了这一商业本质，资本运作就会变成财富转移，即把财富从别人的兜里转移到自己的兜里。如果我们把社会比喻成一个人的肌体，企业就是社会的一个细胞。这一细胞存在的基础，就是必须为肌体创造价值，为社会创造财富。如果一个细胞只吸收营养，自己不断壮大，而无法为肌体创造任何价值，它就是癌细胞。只要是健康的肌体，这样的细胞一定会被杀死。故而，资本运作，是不能够独立于实体经济而单独存在的。

三、信息化

近年来"大数据"成为一个很流行的词。对于"大数据"，研究机构高德纳（Gartner）给出了这样的定义。"大数据"是需要新处理模式才能具有更强的决策力、洞察发现力和流程优化能力来适应海量、高增长率和多样化的信息资产。按照这一定义，事实上，很多企业的信息是无法达到大数据的要求的。无论如何，企业的信息是资源的一种重要形态。IT（互联网技术）信息化也就成了这一资源平台建设的主要手段。例如，我们前面讲到的唐总，如果每家加盟店能够锁定周围的 500 个家庭，100 个加盟店就会锁定 5 万个家庭，400 个加盟店就会锁定 20 万个家庭。这样的数据对于资本市场是具有相当吸引力的。值得注意的是，商业模式并不是数字的游戏，商业的本质更关注商业范畴与商业闭环的形成。在讨论这一信息的价值时，我们必须清晰，唐总建设的文化系统是街坊文化。脱离了这一文化基础，这一数据将失去它的黏性，也就没有了任何的价值。在进行商业系统实践的过程中，我们发现很多企业浮躁的原因就是没有系统化思维，只关注企业成功的关键点，忽略了企业为这一成功进行的基础建设与商业闭环设计。所以，对一个企业有价值的信息，对另一个企业可能分文不值，反之亦然。

四、项目孵化

此阶段的企业，经营业务逐步向多样化方向发展，企业可能会同时存在三个层面的业务：第一层面是企业的核心业务，是能够让客户直接将其与企业的名字相联系的业务，通常能为企业带来大部分利润和流动现金，它们与企业近期业绩关系重大。第二层面是正在崛起的业务。这些业务带有快速发展和创业性的特征，具有高成长性。企业往往为第二层业务投入巨资，保持其快速增长，以使其在不久的将来发展为第一层面。第三层面包含了明天业务——未来更长远的业务。这些项目可能是研究课题、市场试点、少量投资的尝试和为加深对行业了解所做的努力。企业开展大量第三层面业务的目的是确保将来有足够的优秀业务发展到第二层面、第一层面。这三个层面业务互相协调，共存于企业中。

在企业中，第二、三层面的业务，就是企业物的资源。这一资源是以项目形态存在的，所以项目孵化便是这一资源平台的建设形式。这里我们又要提起唐总。唐总在项目孵化上，做了哪些提前的铺排呢？在项目孵化平台建设上，唐总目前侧重于两个方面：一是供应链建设；二是后续产品打造。供应链建设有三个重要原则：源头采购、可追溯、去中间化。这能够保证店内所用的食材都是精选的、最新鲜的、有质量保证的，同时价格又是最合理的。后续产品的打造分三个层次进行布局：第一层次是餐饮用的各种食材、汤汁、辅料。这是餐饮行业自然的延伸。第二层次是与日料相匹配的文创产品。第三层次是与家庭生活密切相关的黑科技产品。这样的后续产品设计，为他的店增加了盈利能力，降低了加盟难度，增强了加盟商的信心，亦增加了公司在资本市场的期望值与市值潜力。当然，所有这一切，还只是对未来的设想，这一设想是否能够实现的关键点，就是街坊文化是否能真正落地生根。用唐总的话说：我们也曾经和太阳肩并肩过，也曾经狂热过，也曾经浮躁过，也输过，也赢过。现在偶尔谈笑一下过去，只是拿自己开心。我们深知，我们现在还很弱小，做好当下的事才是最重要的。

五、治理结构

企业资源平台的打造，主要体现为企业大学、项目孵化、资本运作与 IT 信息化四个子系统。那么，企业资源平台的核心是什么呢？这就要谈到治理结构。

按照学术的定义，公司治理结构是指为实现资源配置的有效性，所有者（股东）对公司的经营管理和业绩改进进行监督、激励、控制和协调的一整套制度安排，它反映了决定公司发展方向和业绩的各参与方之间的关系。从本质上讲，公司治理结构要解决涉及公司成败的三个基本问题：一是如何保证投资者的投资回报，即协调股东与企业的利益关系。二是企业内各利益集团的关系协调，最主要的就是企业所有者与经营者之间的关系协调。三是提高企业自身抗风险能力。随着企业的发展不断加速、规模不断扩大，企业中股东与企业的利益关系、企业内各利益集团的关系、企业与其他企业的关系，以及企业与政府的关系将越来越复杂，发展风险增加。合理的公司治理结构，能有效地缓解各利益关系的冲突，增强企业自身的抗风险能力。

企业发展到这一阶段，股东和利益相关者越来越关注企业能为他们带来的收益，而不是企业规模的再度扩大。因此，最大限度地创造企业价值将成为他们对企业的要求。治理结构就是解决上述问题的关键。在此，我们给出了治理结构落地的一种诠释。也许不完全贴切，但更容易理解。我们可以把治理结构理解为解决企业决策权与控制权的问题。进入"跑"的阶段，企业必须对顶层股权进行重新梳理。这样才能够通过资源的有效匹配，实现资源平台的打造，同时又能够保证企业的决策权不失控。

以治理结构为核心，企业大学、资本运作、项目孵化与 IT 信息化四个子系统，共同构成了企业资源平台那点事。

第三节 "跑"的阶段的企业家成长

一、工作特点

在"跑"的阶段，老板的规划性工作明显增多。此时，企业家的思维基点是如何把企业做大做强。企业家的思考与规划性的工作越来越多，如何复制需要思考，怎样招商需要思考，如何做商业计划还需要思考。品牌运作需要规划，竞争力运作需要规划，资源平台的打造更需要思考与规划。这些思考与规划性的工作，大多需要形成文案，还要去对外传播。而所有这些工作，最开始都是由企业家去承担与引发的。

因此，在"跑"的阶段，企业家工作的特点将进入墨水期和口水期。对于一些基础文化水平不高的老板，这一阶段会面临较大的瓶颈，需要通过一系列的自我成长和学习，才能突破。

二、主要角色

在"跑"的阶段，企业家主要的角色将从组织专家成长为架构师。企业家的视角，从企业的内部转向企业的外部，企业家看待资源的方式与角度发生了深刻变化。一般情况下，这一时期的企业是不缺资源的。然而，匹配什么样的资源，却会产生完全不一样的结果。而架构师这一角色，最关键的能力就在于匹配怎样的资源，在未来形成怎样的商业闭环。这需要一个基于前瞻性的系统构想。当年刘强东为京东匹配物流体系时，遭到了内部很多管理层的非议。而物流体系，正是刘强东为了京东未来的商业闭环，匹配的有效资源。此外，架构师角色里开始包含了节奏这一关键元素。一个企业的发展，不是越快越好，也不是越慢越好，所谓文武之道，一张一弛，掌握了企业发展的节奏才是最关键的。也就是俗话说的，你是不是踩到了点儿上。两大高手的武功对决，胜负的关键，也是看谁掌握了节奏，掌握了节奏就掌握了主动权。而节奏与切入点，这是战争的艺术。换言之，企业家成长到这一阶段，开始从科学进入艺术。严格意义上，只有掌握了行业艺术的人，才可以称之为"家"。所以在企业"爬"和"走"的阶段，他们只能称为生意人，只有进入"跑"的阶段，才算是迈入了企业家的门槛。他们的成长历程，可以诠释为从生意人到企业家的过程。

三、特征能力

如前所述，企业进入"跑"的阶段，需要进行第二、第三层面的业务布局，因为靠单个产品可持续成长的企业几乎是没有的。当企业100%的收入都源于一个方向时，企业的风险是非常大的，一旦这个产业转变了，或者一旦市场竞争发生了逆转，企业就会垮掉。多系统运作能力就是对企业家最大的考验，它要求企业家并行处理很多不同的业务类型，这就要求企业家从系统工作者，提升为战略工作者。

上一章中我们讲过，企业家在"走"的初级阶段是最爱学习的，这时他们会发现自己在系统方面的缺失，所以会在学习上投资时间和金钱。然而，任何事物都有两面性。最不爱学习的企业家，恰恰也是在"走"的后期出现。在"走"的后期，企业家已经学习了经营系统与管理系统的相关知识与操作，这一时期责任和信任两项心智力的特点，决定了此时的企业家是目中无"人"的（习惯于活在角色和立场里）。长期在"走"的阶段的企业家会产生一种幻觉，觉得自己人也可以搞定，事也可以搞定，简直天下无敌了，就好像三国时代的马谡。这正是系统工作者的局限之处，系统工作者往往对系统过于迷信，以为系统是不变的，在实际的应用中容易陷入教条主义。教条主义的本质就是不屑于用系统去解释实际，而总是驱使人们去改变实际，以适应教条。系统工作者这种思维的倾向性，直到成长为战略工作者的时候才会消除。

战略工作者与系统工作者最大的区别是发现了系统本身也是灵活变化的，所以他不会禁锢在系统之中，不会迷信系统。我们不妨这样理解，系统工作者如同当初的日心论者，他发现了地球是转动的，以为太阳是不变的。而战略工作者他不仅知道地球围着太阳转，同样知道太阳是围着银河系转，甚至知道银河系也是不断地变化与发展的。系统工作者是从系统本身认识系统的，战略工作者则是从系统本质认识系统的，所以他不会困于系统之中，而是站在系统之外，对系统进行灵活的运用，甚至可以用自己的经验完善系统。这时战略工作者就衍生了一项关键能力——预测能力。在战场上就可以做到料敌于先。

四、心智力与信念

在"跑"的阶段，企业家需要突破的心智力是共赢与欣赏。

共赢背后的信念是对资源的观念，你认为这个世界的资源是有限的，还是无限的？如果你认为这个世界的资源是有限的，你的思维永远不可能去到共赢。课堂上我会跟学员这样举例子：如果世界上只有我的一个麦克风，谁拥有麦克风谁就有话语权。你想获得麦克风的方式，就只有把我打倒。即便我们短期形成了一种合作模式，这种模式也是以牺牲第三方的利益为代价的，这样的合作至多达到双赢，根本无法共赢。这样的双赢，是极其不稳定的合作状态。如果你认为这个世界的资源是无限的，你和我在一起就会创造更多。所以，共赢的意义在于你加我，让他人赢出来。

在实际的操作中，有一些合作伙伴对我们做出了这样的评价："所有找我合作的经管类培训教育机构，他们跟我谈的都是如何对学员做导流，然后怎样分钱。我非常清楚，他们到我这儿来，都是'割韭菜'的。只有赵老师，你是来帮我播种的。你跟我谈的是：如何你加我，让我们的学员赢出来。"当然也有一些合作伙伴对我们的合作模式是不理解的，他们会觉得我们分给渠道的钱太少了。和我的同行相比，这是事实。我的同行会把他们收上来学费的 70% 甚至 75% 分给渠道，20% ~ 25% 作为自己的费用和利润，只有 5%~10% 是真正投入在客户身上的。而我们正相反，我们愿意把 70% 的费用投入到研发交付和对客户的服务上，让客户真正体验到产品和服务的价值。这样客户才能真正产生转介绍，客户和我们以及我们的合作伙伴才能共同成长，这才是商业价值真正的本质。因此，我们的渠道政策是与客户的转介绍相关的，是与客户的深度服务相关的，是与客户的价值深度挖掘相关的。这就是战略合作伙伴的思维，也就是共赢的思维。

值得一提的是，资源的有限性与无限性，不是来自企业家思维的选择，而是来自企业家个人修行的体悟。从人类个体的角度看，他的资源永远是有限的。只有真正与天道结合的企业家，愿意去做真正为客户创造价值的事，也只有这样的企业家，才会感受到来自宇宙源源不断的能量，在推动着他的企业的运行与发展，这时他才能真正体悟到这个世界资源的无限性。

怎样才能和客户建立共赢的关系呢？回到初心和目标。我一直告诉顾问一句话，客户买的是红烧肉，他对你怎么杀猪不感兴趣！你永远要告诉客户你给他呈现的是什么结果，这个结果是不是他想要的。当你与客户一起讨论目标是什么，以及目标如何实现的时候，你跟客户就建立了共赢关系，因为这才是你与客户合作的基础。实现目标是你与客户共同的期望，而不是实现这一目标你要费多大力气，要耗费多少时间。你不仅要与客户就目标达成共识，还要告诉客户目标是如何达成的，在达成的过程中会发生什么事情，其中的关键动作是什么，第一步工作重点从哪里开始等。这时，你与客户的共赢关系就建立起来了。

顺便说一下，我们倡导企业家修行，但我们倡导的企业家修行方法是接地气的。无论是刚刚谈到的共赢，还是之前谈到的激情、承诺、责任、信任，都是伴随着企业成长的过程，在具体的工作和生活的实践中进行的。这与稻盛和夫先生秉承的"做人，何谓正确"是一致的。企业家修行历程与企业成长的具体工作不是对立的，而是合一的。修行从来不在深山古刹，而在日常的工作生活中。

再来说说欣赏，欣赏的背后是差异观。人与人之间是有差异的，我们用什么样的方式看待这种差异呢？很多人是不接受这样的差异的，他们心中会有一个尺度，然后用这个尺度去衡量人和事。

多年前，我听说过一个国王的黄金床的故事。从前有一个国王，他是一个完美主义者，对身高有着非常执着的要求。那时，人的身高普遍还不是很高，但国王就觉得长到一定的身高才代表着这个人是完美的、有价值的。他在征询了国内最权威的专家，考量了很多很多的因素以后，最终得出一个结论：人体的最佳身高是1.68米。于是，国王按照这个尺寸让人打造了一张黄金床，只要走入皇宫的人，都要先躺上这张黄金床，来衡量此人身高是否完美。如果这个人的身高不够1.68米，怎么办呢？国王就让人把这个人使劲地拉长，哪怕把这个人拉残废了也要把他拉长到1.68米。如果一个人的身高超过了1.68米，国王会毫不留情地让人把这个人长的部分锯掉。过了一段时间，他王宫里出现的人看起来非常整齐，但国王有一个秘密，他不敢告诉任何人，而他完美的1.68米，是因为穿了一个内增高的鞋子。在他的王宫里，几乎所有的人都在受伤，包括他自己。每个人作为自己世界里的国王，我们心里是否也有一张黄金床呢？

具备欣赏心智力的企业家，对差异的观念是灵动的、是接受的。他们欣赏一个人，并不是因为这个人符合他的标准或者说心中的黄金床。他们懂得一个道理：正是因为人与人之间的不同，这个世界才变得如此丰富多彩。所以他们不仅接受人与人的差异，还愿意发挥这样的差异，为企业的发展保驾护航。

通用汽车公司的第八任总裁，阿尔弗雷德·P.斯隆，就是一位具有欣赏心智力的企业家。他总是鼓励员工提出不同意见，鼓励中层主管们勇于表达对决策的异议，即使面对公司最高管理层，主管们也不用担心这种行为会危及自己的职业生涯。斯隆明白，要使通用的众多子公司达成一致，最好的方法就是召开公司会议，让所有持不同意见的人全部出席。他强调，要将众多的分歧集中，以便让每个人都能了解不同的想法，明白不同观点的基本理念。于是，他指示各分公司负责人要定期召开会议，并且要求工程设计、制造生产和市场营销部门的负责人也出席。另外，他还提出在听取异议时，应该遵循的三个原则：鼓励成员互相交流意见；让成员知道如何反映这些意见；永远不要处罚那些因为提出异议而表现过激的人们。这三个基本原则包含了一套切实可行的体系，保证公司管理高层能够听到不同意见。

无论提出异议的人脾气如何暴躁、态度如何强硬和不肯妥协，都要允许他提出意见。有一次，一位同事与斯隆发生争执，很多人都认为，斯隆完全可以对此置之不理。当时通用的一位律师问他："既然这位员工如此烦人，您为什么不把他解雇？"斯隆反问道："解雇他？多荒谬的主意，他只是在完成他的任务。"

这就是欣赏心智力的体现。值得一提的是，欣赏是在责任心智力活出角色的基础上衍生的。没有建立在责任角色基础上的欣赏，只是一种"事不关己，高高挂起"的态度。而在扮演某种角色、承担相应责任之后，仍然能够做到对不同观点的接纳与包容，对差异的尊重与爱护，才是真正的欣赏。

企业家建立了共赢与欣赏，企业就能顺利进入"跑"的阶段。因为这时企业需要与更多的利益群体建立广泛的合作关系，无论是企业的复制，还是资源平台的打造，最根本的就是与人的合作。在共赢与欣赏的基础上建立的合作关系，是持久的、稳定的、相互之间存在信任的战略伙伴关系。在这样的关系之中，双方是坦诚的，沟通成本比较低，更容易建立共识。在"跑"的阶段，这是一家企业在他的行业中的取胜之道，这样的胜利也是商业本质的胜利。

本章精髓

1. 资源平台系统框架图

2. "跑"的阶段企业成长关键点

发展阶段	经营系统	管理系统	资源平台	文化系统
"跑"的阶段	竞争力 品牌力 复制力	从公司管理到总部管理 ①建立管理中心 ②目标管理 ③财务管理	资源平台建设	MI 理念识别 （使命、愿景、 价值观）

3. "跑"的阶段企业家成长

发展阶段	工作特点	角色	特征能力	心智力	信念开关
"跑"的阶段	墨水期 口水期	架构师	战略工作者	共赢 欣赏	资源观 差异观

4. 复制力的四个关键点：

（1）用什么样的模式进行复制。

（2）市场规划。

（3）招商系统。

（4）支持系统。

5. 连锁加盟的四种业态：

（1）直营连锁。

（2）委托加盟。

（3）投资托管。

（4）特许加盟。

6. 核心竞争力的两个判断标准：

（1）能够为客户创造竞争对手无法创造的独特价值，即与竞争对手存在差异化。

（2）必须系统化为组织能力，而不是负载在组织里边特殊的一两个人的身上。

7. 管理中心的职能体现在两个方面：

（1）输出。

（2）托管。

8. 集团管理中心对分支机构的管理重点：

（1）目标管理。

（2）财务管理。

（3）市场管理。

（4）人力资源管理。

9. 企业的资源分为两类：直接资源与间接资源。

企业的直接资源有两种：产品与客户。企业的间接资源分为四类：人、财、物、信息。

10. 关键岗位上的关键人才 75% 以上要靠自己培养，空降比例不能高于 25%，否则就会造成企业文化传承的风险与障碍。

11. 资本运作不能脱离企业创造价值的商业本质。如果脱离了这一商业本质，资本运作就会变成财富转移。

12. 公司治理结构要解决涉及公司成败的三个基本问题：

（1）如何保证投资者的投资回报，即协调股东与企业的利益关系。

（2）企业内各利益集团的关系协调，最主要的就是企业所有者与经营者之间的关系协调。

（3）提高企业自身抗风险能力。

13. 共赢背后的信念是对资源的观念，认为这个世界的资源是无限的。共赢的意义在于你加我，让他人赢出来。

14. 欣赏心智力来自对差异的允许、接受与尊重。

第一节　"飞"的阶段的企业成长

一、经营系统

企业在"飞"的阶段的思维基点是行业与产业责任。再次强调，这不是一个道德问题或境界问题，而是这一阶段企业发展的必然选择。因为这一阶段企业经营的重点，就是商业模式的转型与升级。下面，就结合我们辅导企业的案例加以说明。

崔总是一位草根企业家。他16岁时做了一名出租车司机。1992年，一个偶然的机会他进入了二手车行业。当时政府有一辆肇事车桑塔纳只卖7万元，没有人敢买。那时，买一辆桑塔纳新车需要30多万元。有车辆维修经验的崔总买下了那辆肇事车，用半年时间将它整修一新，修好后雇司机开了两年，最后卖的时候，还赚了5万元。这就是他人生的第一桶金。此后，崔总就走上了二手车维修、买卖与改装的道路。1998年，崔总开设了自己的二手车维修店，主要业务就是低价买入肇事车，维修

第七章

产业责任，吾辈自当承担；雨润大地，精神引领未来

　　本章我们将围绕企业在"飞"的阶段的重点工作进行讨论。处于这一阶段的企业并不多，本章给那些设定了高远目标的企业一个相对清晰的指引，从而减少因此带来的损失与风险。

　　在这一成长阶段，企业家的思维基点将提升至解决行业和产业的问题。众多案例将证明这不是空谈，更不是唱高调，而是企业发展必须建立的思维高度。这一阶段"管理"也将发生根本性的变化，管理不再为经营服务，而是转变成为投资服务，即管理职能转变为投资管理。"资源平台"建立重点是学术高地的建设，从而引领行业标准。而"文化系统"的力量，将在本阶段形成企业鲜明而独特的价值并传播出去。

　　企业家的成长进入了"自来水和雨水期"，而这一切的改变，源自企业家在"付出"这一影响力背后的"边界观"的打开，以及最终体悟到爱的能力的彰显。

改装后进行销售。由于当时的原厂件很难采购，也为了节省成本，很多配件都是崔总自己制作出来的。崔总回忆当时的情景说："感觉自己很厉害，每天都活在创造之中。一个车子轮毂盖丢了，我可以自己制作一个。奥迪的前脸撞没了，我可以用另一辆后面被撞的奥迪，两辆车拼成一辆车。"一个企业创始人的激情和创新工作者特质，在崔总身上发挥得淋漓尽致。我与崔总相识时，崔总的专业性就给我留下了深刻的印象。他可以仅凭一辆车方向盘和座椅磨损的位置和程度，判断出开车人的驾驶习惯，甚至其性别、年龄、体重和身高。

在生意顺风顺水之时，崔总的内心开始了他创业历程中的第一次纠结。由于崔总为人仗义，很多客户和崔总交上了朋友，而崔总销售的是肇事车辆的改装车，告诉朋友这是事故车，就意味着车卖不出去；不告诉，崔总又过不了自己心里的坎儿。经过内心的挣扎，崔总做出了影响一生的重要决定：从此不做事故车，只卖品质好的车。在面临金钱诱惑的时候，能够秉承良知做出决定的人，就注定了他人生的与众不同。高手拼的永远是一个想法，海尔当年砸冰箱的时候，就注定了这不是一家平庸的企业。

2005 年，崔总的企业在当地已经初具规模，小有名气，拥有一个洗车店，一个维修厂，一家摩托车俱乐部。酷爱越野和极限运动的崔总，更是收集了当时能收集到的最好的摩托车。志得意满的他并没有意识到，人生的考验才刚刚开始。2005 年一个惬意的午后，崔总正在睡午觉。一阵清风吹过，一张纸片贴到了崔总的脸颊。从午觉中惊醒的崔总仔细一看，竟然是一张六合彩的彩票。原来，崔总企业的一个小兄弟正在玩六合彩，不经意间彩票被风带走，打扰了崔总的清梦。崔总决定用当天赚到的钱赌上一把。让人没想到的是，崔总竟然中了当晚的特奖 39 万元。喜出望外的崔总从此欲罢不能，进入了博彩领域。也许是有命运之神的眷顾，两年时间，崔总竟然靠博彩赢取了 200 多万元。那个时候的崔总手里有 500 多万元。赚惯了快钱的崔总开始越赌越大。然而，出来混迟早要还的，后来他输掉了全部的产业。崔总回忆当时的情景说："车卖了，两块地也卖了。卖别的没怎么心疼，卖摩托车的时候，自己是真哭了。几年的努力，一晚的时间，就倾家荡产！这就是赌博的恶果。"

2007 年，迫于无奈的崔总再次开始二手车店的打工生活，月收入5000 元。干了 4 个月，他发现这家店收车业务不怎么挣钱，于是和老板达成合作模式，他负责收车，对方出钱，自己出技术。2008 年，合作正式开始，一年挣了 130 万元，崔总分到了 65 万元。2009 年，挣了260 万元左右，老板也分给崔总一半。之后，老板对崔总说其他股东有意见，不同意给这么多钱。于是，崔总的二次创业开始了。

二次创业的风雨考验，并不比第一次少。崔总秉承着"把人做明白了，不相信赚不到钱"的朴素理念，一直坚持了下来。2012 年在车行里办了一家展厅，2013 年垄断了整个市场的展厅，库存也从 20 ～ 30 台增长到 150 台左右。2014 年下半年，市政府招商引资，准备投资一个二手车市场。崔总经过调查研究，只跟政府要了一项政策。以前全国的车辆转入年限必须是前 3 年的车，而崔总跟政府要的政策是：只要不报废，车辆转入就可以接收。因为这一政策，一天最多能落户 600 ～ 700 台车。这件事可以说是崔总事业的转折点，让崔总看到了未来汽车后市场与新车和二手车结合的价值，也促使崔总开始思考行业与产业未解决的问题，使崔总整个思维跃升了一个层次，可以站高一线思考问题。

二手车互联网平台的出现，让信息透明化了。这使崔总意识到二手车单车的利润会越来越低，这个行业将面临大洗牌。崔总谈到，未来想要在这个行业里生存，一定是做车的后端而不是前端。怎么能跟客户建立信任，是关键点。这就要求一切从客户出发，做什么事能利他、有价值，就能赚到钱。崔总认为，现在 4S 店只能修自己的品牌，4S 店的出发点是自己利益的最大化，不会考虑客户的车是否贬值，维修后好不好卖。而这正是行业未能解决的问题，也是自己的机会。如果能够建设一个车管家平台，让客户从买车、检车、保险、保养、维修，甚至二手车买卖，都实现交钥匙工程。这一平台就能够从系统化角度对客户车辆进行统一规划，保证客户利益的最大化。这就解决了行业未能解决的问题。

跟把自己的生意做好相比，崔总觉得解决行业问题更有价值。引领行业去向一个更高维度，让客户对这个行业有更好的认识，排除一些不良影响，与客户建立良好的信誉关系，也能让更多的人在这个平台上实现自己的价值。这是崔总的动力来源。有了这个想法之后，崔总开始了对平台的具体规划和设想。这时的崔总才意识到自己进入了行业的无人区，没有参考，没有方向。崔总向行业里的前辈请教，却屡屡受挫。但在辅导系统和崔太太思彤女士的帮助下，崔总成功了。

在谈到平台建设具体做了哪些工作时，思彤女士说："我们现在做了整个框架及各板块确定，每个板块的核心竞争力及每个板块之间的互相匹配结合，现在都是非常清晰的。整个平台架构基本上四梁八柱都是齐全的。每一个板块的标准流程、人员、合作方、分润机制，已经进行了非常精准的测算，总结了整个平台及各个板块的核心内容，并完成了商业计划书。会议系统各个板块也都在落地、推进。目前成型的有：新车二手车板块、钣金喷漆板块、保险板块、检车板块、贷款板块。维修保养差一个建店，人员都有，就差符合我们标准的店面形象。维修和美容在一起更好，给每个板块找一个核心的人……"

这其实就是平台建模的工作。平台建模可分为三个阶段。

（一）商业建模阶段

平台建模有几个工作重点。一是创造客户需求。这个客户需求不是源于现有客户需求的满足，而是源于行业未解决的问题。在上面的案例中，这一需求主要体现为车主从购车到养车、检车、修车，直至二手车转让的交钥匙工程。二是建模。这就完成了基本的平台搭建。三是商业逻辑。这是建模中各大板块相互配合，共创价值的方式。在商业逻辑中，最关键的是第一对原则。例如，滴滴打车已经成为一个比较成熟的商业平台，它的第一对商业价值极其简单，就是解决出租车不断遛活儿，找不到乘客，而乘客打车需要等待这一基本需求。这就使得这一平台的商业逻辑条件简单，易于启动。反观很多做不起来的平台，恰恰是商业启动条件复杂造成的。四是交易结构，指各板块之间的合作方式与分润原则。

（二）组织配称阶段

这一阶段解决与建模相关的组织建设问题。这部分的核心工作有两个重点：业务流程与晋升机制。业务流程是指各个板块的负责人整理出流程、节点及相应标准。晋升机制是指从不同层级的工作标准、晋升标准、能力条件、经验条件，以及相关待遇和职责的设计。

（三）业务运营阶段

这部分包含三项重要工作：一是预算。建模与组织配称设计完成后，就会产生相应的预算。二是商业计划。依据预算和前两个阶段的设计，就可以完成商业计划，从而开始建模资源的洽谈、组织的建设和融资，抑或招商计划。三是市场拓展。这样就进入了转型或升级后商业模式的初始化阶段，企业经营的全新阶段正式开启。

二、管理系统

管理系统在企业中从来不是单独的存在。管理相当于人的身体和四肢，没有头的管理，是无的放矢。管理只是一种手段，在"爬、走、跑"三个阶段中，指挥管理的大脑一直是经营。这就是我们强调多次的"管理本身没有目的，管理唯一的目的是实现经营的目的"。

然而，在企业进入"飞"的阶段后，管理的大脑开始发生变化，从企业的经营系统变成了投资系统。企业管理的重点也从经营管理转变为投资管理。投资管理有四项重点工作：一是上马，指投资孵化什么项目。二是下马，指投资项目何时停止运作。这两项工作是由公司战略、产业布局、人员匹配、盈利模式探索与试错、未来发展趋势、现实盈利能力、原始成功基因等诸多要素决定的。三是税收，指对投资项目的价值分配机制。四是政策，指对投资项目的扶持方式与力度。

一般来说，总部对投资项目的价值分配有两种模式：一是"家"模式。这种模式，总部像一个大家族的长辈，而各个投资孵化的项目就像儿孙。每个月儿孙要供养孝敬长辈，还要分摊长辈的费用。这种模式看似公平合理，其实弊端很多。首先儿孙的能力和发展阶段是不同的。分摊的费用对于能力强、比较成熟的项目不算什么，而对于新项目或者对公司未来战略有重大影响但暂时无法盈利的项目，则不利于其生存和发展。其次，总部的职能部门往往受制于各投资项目。如果总部为了战略需要而配置更多的人员和职能，各项目就会增加分摊的费用，往往引来一片反对声。再次，各个项目对总部的核算方法往往是不清晰的，这就使各项目容易对总部产生质疑。各项目与总部原本要合力对外开拓市场，但质疑会造成这种合力的弱化。二是"国"模式。这种模式中，总部与各投资孵化项目更像国家与企业的关系。总部会根据各项目营业额收取一定比例的管理费，相当于营业税。此外，当这一孵化项目盈利后，总部还将收取一定比例的分红，相当于所得税。这种分配模式非常清晰明确，更重要的是，各项目自主经营意识被激发，各项目为自己开发市场，总部为各项目提供支持与后援，有利于形成合力。同时，总部还可以根据项目的进展情况，给予不同的政策扶持。如对于新项目第一年不收取分红；对于具有战略意义的项目，给予一定的分红减免政策。这就是上述税收与政策的含义。

三、资源平台

在人、财、物、信息四大类资源平台的建设中，最难搭建的是人才平台。十年树木、百年树人。企业在进入"飞"的阶段后，企业大学的建设成为资源平台的建设重点。下面从我们的顾问平台的搭建，总结一些人才平台建设的心得。

我们的顾问平台是本着共建共享的理念搭建的人才平台。共享经济的本质是富余产能。我有一辆车，今天闲置在家里，就产生了富余产能。今天我开车出去办事，车有 5 个座位，我只用了 1 个，这也是富余产能。

世界上最大的富余产能，就是人的智慧。然而，这一智慧却很难共享，原因之一就是大家价值创造的操作系统是不一致的。如同你用的是苹果，我用的是安卓，这就需要一个赋能者，为参与这一平台价值创造的人才，赋予一套价值创造的统一原则、机制和操作系统。这就是企业大学需要完成的工作。我们的顾问平台的本质是赋能的组织。赋能的组织这一概念是由谷歌提出的。我们综合了稻盛和夫提出的阿米巴组织、谷歌提出的赋能的组织，以及 IBM（国际商业机器公司）提出的业务组件建模思想，推演了未来组织的发展形态，我们的顾问平台正是基于这一推演做出的实践探索。

根据谷歌的总结，企业组织经历了四次革命。第一次，工业革命。机器取代了体力，技术超越了技能。这次革命的结果，把人从各自的作坊集中到工厂。第二次，生产力革命。泰勒的科学管理思想得到普及，工作标准化。组织的管理职能得到加强，管理的重点是流程和标准，以及保障标准运行的制度。同时，规模化经济开始出现，大工厂以及与之配套的大公司如雨后春笋蓬勃发展。第三次，管理革命。知识超越了资本和劳动力成为最重要的生产要素参与价值创造，同时参与价值分配。管理的重点转移为激励机制。以人为主要价值创造要素的时代到来了。第四次，创新革命。随着工业 4.0 的出现和 AI（人工智能）技术的发展，体力工作者和知识工作者，甚至一部分技术工作者将被取代，大工厂以及与之配套产生的大公司将发生重大变革，组织形态必然随之改变。

我们对此进行了研究与推演，得出如下几点成果，供读者参考。未来组织形态的可能特点：①组织的重点是领袖挖掘需求，提出问题。成员参与创造。②按照 IBM 的设想，企业的任何人、资源、业务流程、技术都可以通过两个维度——业务能力和责任级别，进行原子级别的解构。每个原子级别的单元称为业务组件。③业务组件是一组人、技术、资源的集合，本身具备成为一个小企业的基本元素。类似于稻盛和夫的阿米巴。④基于商业模式，组件之间可以通过不同的搭建方式，形成适应不同任务的企业组织。这就是赋能组织。⑤命令不适用于他们。因此，组织的职能不再是分派任务和监工，更多是让员工（其实员工这一称谓已经不合适，称之为伙伴可能更能表达相互之间的关系，这里只是沿用这一习惯称谓）的专长、兴趣和客户的问题有更好的匹配，唯有发自内心的志趣，才能激发持续的创造。这往往要求员工更多的自主性、更高的流动性和更灵活的组织。⑥管理的重点是利用企业平台，配置创造的资源，打造创造的环境。⑦我们甚至可以说，是员工使用了组织的公共服务，而不是公司雇用了员工。两者的根本关系发生了改变。⑧这样的组织更依赖文化。文化才能让志同道合的人走到一起。为了享受适合自己的文化，创意精英愿意付出、拥护、共创。⑨一种和他们的价值观、使命感吻合的文化才能让他们慕名而来，聚在一起，奋发进取，因而组织的核心职能将演变成文化与价值观的营造。⑩这次革命可能意味着组织的虚拟化和平台化。基于产业链的商业模式和组织平台会成为未来组织的趋势，也会成为未来天使投资的青睐。

企业大学除了人才平台这一职能外，还有一项更为重要的职能，在企业"飞"的阶段将得到彰显，这一职能就是学术高地。任何一个领域，都有相应的学术领域的高地，这一高地往往在大学和研究机构里。卓越企业自身建立的研究院，也成为重要的补充力量。"飞"的阶段的企业与相关的大学和研究机构合作建立研究院，便成为建立学术高地的捷径。学术高地一旦建立，便可以制定行业标准。企业发展也将进入一个新的高度。

四、文化系统

企业文化系统的力量会在"飞"的阶段得到彰显。这部分在下一节专题讨论。

第二节 企业文化那点事——企业文化系统的打造

企业文化系统的核心是使命、愿景、价值观。德鲁克说：企业宗旨只有一种适当的定义——创造顾客。企业的使命首先要回答的就是企业与客户之间的关系。这一关系我们用一个问题表述：企业存在的目的是为了社会上哪一部分特定的人群，创造一种什么样的特定价值？这就是建立企业使命的第一句话。

建立企业使命的第二句话是企业为特定的客户创造特定的价值，对社会有什么贡献？企业存在的目的到底是什么？企业作为社会的一个细胞，一定要为社会创造价值，带来财富增值，而不只是做财富转移的零和游戏。

什么是企业的愿景呢？我们也概括为两句话：一是企业 3～5 年可以量化的目标；二是企业 3～5 年可以描述的梦想。有些企业的愿景是这样表述的：成为某行业或某领域的领军企业或领航者。这就是一个可量化的目标。只有行业前 3 名，才能成为领军企业，而领航者则指向行业第 1 名。我们公司的愿景是"人人共创、智慧共享、五湖四海、天下一家"。这就是一个可描绘的梦想。如果这一梦想实现，在中国就会有更多愿意辅佐企业的顾问，在这一平台上发挥价值，助力企业成长。大家来自五湖四海，像个大家庭一样，为实现中国梦添砖加瓦，这就是我们的愿景。

什么是企业的核心价值观呢？就是基于企业的目标而必须遵循的原则与准则。企业最基本的目标是生存，企业最高的目标便是实现使命。

我们倡导的核心价值观概括为：简单、根本、平衡。可以诠释为：

首先，是在企业经营哲学层面。我们认为：凡事皆有简单的方法，寻求简单的途径是找到支点，支点藏在事物的本质中；企业经营也是很简单的，我们之所以认为很难，是因为没有找到企业当前面临的根本问题，找到这个问题，在支点发力就会很简单；经营管理是平衡的游戏，平衡是一种更高的境界，当你从更高的境界去看问题时，所有看似矛盾的观点，就会整合统一起来，形成一套足以指导企业经营管理的系统。其次，在为人处事方面。简单：我们倡导做人要简单一点，君子坦荡，有话直说；我们倡导做益友，友直友谅友多闻；我们倡导真诚待人，不要为谎言浪费能量，实话永远不怕被揭穿。根本：我们倡导发现问题的本质，而不是做表面文章；我们倡导从根本上不断迁善自我，而不是夸夸其谈；我们倡导少说没用的真理，真正把事情做出结果；我们尊重改善的想法、鼓励改善的行为、奖励改善的结果。平衡：我们倡导身心灵的平衡；我们倡导事业与家庭的平衡；我们倡导人与自然的平衡。

企业使命、愿景与核心价值观共同构建了企业文化系统的核心，这也是企业识别系统（CIS）中的理念识别（MI）部分。构成行为识别（BI）的行为规范部分，与构成视觉识别（VI）的语言、象征物、故事与仪式感部分，在前文中都已经有所阐述，在此不再赘述。

文化系统

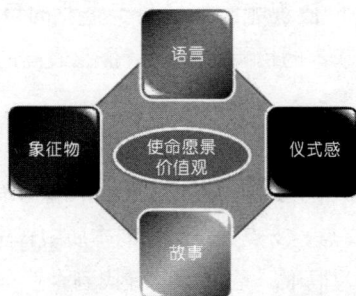

第三节 "飞"的阶段的企业家成长

一、工作特点

此时，企业家已经进入投资孵化阶段，主要靠钱来赚钱，工作特点可以概括为自来水。罗伯特·清崎在他的畅销书"富爸爸"系列中，提出了人生四个象限的观点。

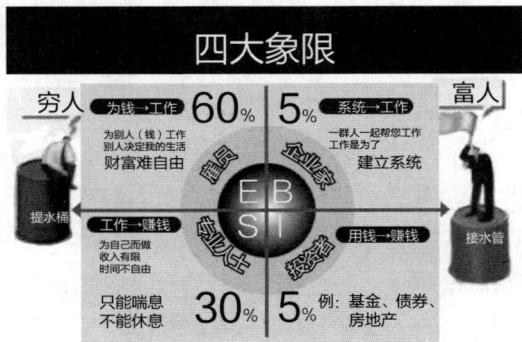

四大象限

穷人 | 富人

为钱→工作 60% | 5% 系统→工作
为别人（钱）工作 | 一群人一起帮您工作
别人决定我的生活 | 工作是为了
财富难自由 | 建立系统

提水桶 | 接水管

工作→赚钱 | 用钱→赚钱
为自己而做 | 例：基金、债券、
收入有限 | 房地产
时间不自由

只能喘息 30% | 5%
不能休息

富爸爸说："倾听人们的谈话，体察他们的灵魂。"一个人所选择的语言的背后体现着这个人的基本价值观，以及与他人的关键性差异。我们通过下面不同象限人群的自我对话，总结了一些共同特征，便于我们了解各象限人群与金钱的关系。

E（EMPLOYEE，雇员）雇员经常说"保障""福利"这些词。"保障"经常用来回应恐惧心理。这代表雇员厌恶经济不确定性的恐惧感，因此渴望获得保障。"福利"这个词意味着人们喜欢某种额外的报酬，也就是一种明确的有保证的额外津贴，诸如医疗计划或退休计划。不确定性会使他们感到不快乐，确定性才使他们放心。他们的潜台词："我将给你这个……同时你得答应我，给我那个作为回报。"他们希望某种程度的确定性来平息心中的恐惧，所以他们就业时，会寻求保障和严格的协议。雇员经常说"我对钱并不那么感兴趣"，这的确是事实。雇员思维中，保障比金钱更重要。这恰恰是这一阶层思维的恐惧和痛苦来源。因为没有什么比在一个不确定的世界寻求确定更加不确定的事情了！雇员可以是公司的总裁，也可以是公司的看门人。问题不在于他们做什么，而在于他们与雇用他们的组织所确立的心理契约。雇员与金钱的关系建立在恐惧的基础上，他们赋予了金钱强大的力量，让金钱在他们的生活中拥有了主导权，很容易成为被金钱掌控了人生梦想的一群人。这种关系按我们对未来组织形态的理解，会越来越少。

S（SELF-EMPLOYED，自由职业者）这是一群想"做自己的老板"的人，或者是喜欢"为自己做事情"的人，我们可以称之为"亲自做事的人"。他们对金钱的态度是"不喜欢让他或她的收入依赖他人"。换句话说，如果"S"工作努力，他们希望得到回报。许多"S"型的人不愿雇用或培训他人，因为一旦结束培训，这些人通常会变成他们的竞争对手。这也是他们更加努力工作，亲自做事情的原因之一。他们与金钱建立了平等而对立的关系，他们获得金钱的方式是付出更多的劳动。可以说，自由职业者与金钱建立了平等而博弈的关系。

B（BUSINESS OWNER，企业家） 真正的企业家"B"喜欢身边围绕着来自四个象限的精英们。"S"不喜欢委派工作（因为没有人能做得更好），而真正的"B"喜欢分配他人工作。福特曾说："思考是世界上最艰苦的工作，这就是为什么很少人从事这项工作。"他们与金钱的关系是平等基础上的合作关系，他们通过与金钱以及四个象限精英之间的合作，以思考的方式创造想要的价值。"创造"这个词尤为重要，这是企业存在的本质原因。

I（INVESTOR，投资者） 投资者用钱赚钱。他们不必工作，因为他们的钱在为他们工作。"I"与金钱建立的关系是舞台与演员的关系，投资者建立了舞台，让金钱扮演主角，在这个舞台上，钱变成了财富。"I"的贡献是建立了承载金钱的关系，使投资者成为金钱的主人。但正因如此，大部分投资者失去了创造的动力，这时"金钱"的力量就走向了反面。基于未来组织形态的理解，纯粹的投资者也许并不是未来的发展方向。因为，价值创造的元素中，资本的力量在减弱，智慧和系统的力量在加强。

"飞"的阶段的企业家便是一位拥有系统的投资者。这是非常宝贵的人生角色。在"飞"的阶段，企业家的第二个工作特点，我们概括为"雨水期"。此时，开始站在行业和产业的高度去思考行业未能解决的问题、客户未能满足的需求，并通过建立平台等商业模式升级与转型的方式，进行探索与尝试。这对于行业和客户来说，相当于久旱逢甘霖，一场春雨下过，草木为之复苏，大地为之回春。这就是雨水期的企业家的工作特点。

二、主要角色

在"飞"的阶段，企业家主要的角色从架构师成长为精神领袖。企业家成为企业文化的代言人，并通过言行举止以及为人处事，彰显企业文化的力量。此时，企业家的一个不经意之举，往往会引发热议，甚至影响企业的市值变动。我个人认为，这时恰恰是一个企业家"知止"的时候。

三、特征能力

企业进入"飞"的阶段，企业家需站高一个维度，思考企业布局的问题。此时的企业家需要从战略工作者，提升为取势工作者。曹操挟天子以令诸侯，就是典型的取势工作。

初平三年（192年），董卓被吕布刺杀身亡，大权就落在了王允的手里。董卓的旧部李傕、郭汜为求自保，率军突然袭击长安，把没有反应过来的吕布打败了，接着又杀死王允控制了汉献帝。得意之余，李傕和郭汜竟然内讧了起来。汉献帝见他俩打得热闹，趁乱偷偷逃了。李傕和郭汜打到半截，回头一看汉献帝不见了，便呼大事不好，放下恩怨重新联合起来寻找汉献帝。汉献帝见他们到处找自己很着急，便派了信使前去和曹操、袁绍联系。

袁绍手下谋臣沮授，首先跟袁绍说：您家祖辈都侍奉天子，大家都知道您忠义；如今朝廷宗庙涂炭至此，没人去扶保天子，体恤百姓。您就去把天子迎到河北来，挟天子而令诸侯，蓄养士卒去讨伐不听话的，谁能挡啊！几乎同一时间，曹操的谋士毛玠向曹操提出："奉天子以令不臣，修耕植，畜军资"的战略规划。话虽然好听一点儿，其实是一个意思。

袁绍当时没听沮授的话去迎汉朝天子，曹操则以高度的政治敏感，意识到这是个千载难逢的好机会，立刻派大将夏侯淳率兵前去救援。待救到汉献帝后，又想尽办法将汉献帝接到了大本营许昌。通过控制汉献帝，曹操方有机会施展自己的政治抱负，这也是他可以在英雄辈出的东汉末年越战越强的原因之一。这就是取天下大势的手笔。

取势工作者除了这种取势和顺势的特征能力外，还体现为布局与造势的能力。善于布局的人，并不知道局会带来怎样的工作成果，但他知道成局的关键元素与关键条件。当这些关键元素与关键条件具备时，产生预期的结果，甚至超过预期的结果，就是水到渠成之事。

举个简单例子，我曾经想对我们的一个产品进行升级，我不知道这一产品如何升级，以及升级之后要达到什么状态。可我知道做到这一点，需要什么元素以及需要什么条件，比如需要哪几个顾问参与，需要什么外援，这些人在讨论这一问题之前需要对这一产品有哪些了解或体验，需要我怎样介绍等。于是，我就想办法集中这些元素，达成这些条件，然后把这些元素和条件集中起来，进行一次关于产品升级的会议。那次会议的结果，不仅达成了产品升级的预期，还在产品复制方面找到了突破口。这就是取势工作者的布局方法。当然，这只是个简单的布局。商业布局与产业结构布局要相对复杂一些。在"飞"的阶段，企业家往往需要站在行业产业高度，建立平台，而平台建模的过程，就是这种布局能力的体现。

　　仅仅布局是不够的。企业家在"飞"的阶段，不仅是一个布局者，还要审时度势，推动局势的运转，这就需要企业家有更大的影响力。因此，作为一个布局者，也是有条件的。第一条就是为而弗居。《道德经》云："万物作焉而不辞，生而不有，为而不恃，功成而弗居。夫唯弗居，是以不去。"这正是布局者的写照。在外人看来，局势都是由局中的关键要素推动的。而布局的人往往在局外，别人看不到布局者的用力。因此，布局者必须学会把推动局势的功劳让给局中的关键要素，自己退居幕后。第二个条件是允许泥沙俱下。水至清则无鱼，布局者为了成局，就要接纳局中构成关键要素的人的缺点和毛病，这就需要高超的领导艺术。曹操的诸多谋士中，郭嘉便是一位优点和缺点都很突出的人。曹操与郭嘉的关系亲如密友。据载，二人行则同车，坐则同席。在严于治军的曹营帐里，郭嘉有很多不拘常理的行为。在长年征战生涯中，曹操总是把郭嘉带在自己身边。每逢军国大事，郭嘉的计策从无失算。曹操更是对年轻的郭嘉寄予了无限的希望，打算在平定天下后，把身后的治国大事托付给郭嘉。这就是一个取势工作者允许泥沙俱下的领导能力。第三个条件就是水流入海的笃定与水滴石穿的韧性。用上善若水形容取势工作者尤为合适，他们善于靠自己去推动别人，他们始终对目标保持一种笃定，遇热能蒸发为云，遇冷变成雨和雪，或者化而为雾，或者凝结成冰，遇障碍能绕行，遇顽石可水滴石穿，但不论怎么变化，仍能够不失本性，最终汇百川入海。

取势工作者为了完成取势和顺势，需要布局与造势。布局之后，就需要推动局势的运转，这就是取势工作者领导力的体现。这种领导力主要体现为统合能力。

整合是大部分人玩的游戏，整合就会有大小，就会有心理不平衡，因为谁都不愿意被整合。因此，整合往往是昙花一现。比整合高一个境界的思想叫组合。组合要求放下身段，愿意为了成就事情而去做，没有谁大谁小。组合最好的方式是互补，但一般很难达到。

当然，组合思想也有弊端，就是无法持久。组合往往是一个阶段的产物，因为大家的思维、价值观、操作系统都无法长期统一。

统合是内在思想和外在行为的统一。长久的合作一定是以统合为前提的，也是所有核心团队走在一起的关键。如果不统一，合作就有风险。统一跟技术、能力无关，跟价值观和文化有关。统合的关键有两个：一是价值观的统一，二是操作系统的统一。两者缺一不可。只有价值观的统一，大家无法在一个平台创造价值，沟通成本太高。只有操作系统的统一，大家的方向和初心就会产生偏差。二者都无法统合得持久。

对企业来讲，无论是对外的合作，还是对内的团队建设，都会形成三个圈。最内圈是统合，第二圈是组合，最外圈是整合。企业最核心的团队和合作伙伴，必须以统合为前提，只有这样才能持久。

四、心智力与信念

不难看出，在"飞"的阶段，对企业家领导力的要求更上了一个台阶。此时，企业家需要突破的心智力是付出与感召力。

什么是付出呢？付出背后的信念开关是什么呢？我经常给企业家举这样一个例子：今年我工作很辛苦，到年底我奖励一下自己，去海南三亚玩一圈，给自己放个假。这算付出吗？我又想，我今年能做这么好，跟我另一半的支持也有关系，我旅游的时候，是不是带上另一半一块儿去。这算是付出吗？然后我又想今年干这么好，除了家庭支持之外，是不是跟我的员工也有关系，我去三亚也带上他们。这算付出吗？接着我又想，这些员工在这里干得这么好，是不是跟他们的家人支持也有关系，旅游的时候带他们的家人一起去。这算付出吗？你会发现：当你觉得有付出感觉的时候，付出就已经停止了。

付出是不断扩大自己的边界的过程。付出是别人对付出者的评价，不是付出者的内心体验。付出者的内心体验是我只是做了一件该做的事。《道德经》有一句话"天地不仁，以万物为刍狗"，就是说天地并没有仁爱之心，它只是在做应该做的事。比如，下了一场雨，草木为之复苏，大地为之回春，这是人类对这场雨的评价，这个就是付出。前文讲过，这个阶段企业家处于雨水期，正是这种付出心智力的体现。

下面我们谈谈感召力。这是一项重要的心智力，也是被滥用最多的一项心智力。首先，我们必须搞明白什么是感召。我们把感召定义为"激发梦想、唤起行动"。感召的第一个卡点就出在这里。大部分的人认为，感召就是直接激发行动。这就代表你不关心我的需求，你只是为了自己在要求我做事，这时的感召就偏离了初心。我们训练顾问时，特别强调辅佐者的角度与角色。感召与销售最大的差别，不在方法上，而在角色与角度上，当你不能够站在对方的角度思考问题，不能与对方在一起，站在辅佐者的角色的时候，你就站在了他的对立面，你就不是在感召，而是在销售。

感召当然需要承诺。是承诺过程，还是承诺结果呢？滥用感召力的企业会倾向于要求别人承诺结果。他们的理念是"承诺结果的发生，而不是如何发生"。这时就创造了一个巨大的内在矛盾，这是感召的第二个卡点。承诺结果是人类最大的自以为是，因为我们永远无法知道是明天先到，还是无常先到。比如，我承诺明天晚上请你吃饭。我承诺的是什么？承诺的是：我此时此刻有请你吃饭的心，并且我承诺我会尽最大的可能性完成这一件事。同时，这件事情也许会因为某些意外而无法完成。如果我们要求别人把"请吃饭"这件事儿作为结果承诺，就会造成这件事儿的优先级被无限制地提高。加之用一些规则、惩罚措施、情感绑架等手段进行捆绑时，就会造成对方巨大的心理压力。

当我们感召一个人做某一件事情的时候，我们往往认为这是对对方有好处的一件事儿。我们忘了一点，这个好处实际上是我们自己认为的，而不是对方认为的。这是感召的第三个卡点。突破第三个卡点的关键在于我们愿不愿意站在对方的角度聆听对方最真实的声音，然后用自己100%的努力成全对方，而不是要求对方按我们的要求去做。感召的第四个卡点是，当你已经付出了100%的努力，但对方仍不理解时，你能接受吗？当无法接受时，就会感觉受伤。比如，你今天看到一位老太太拎着大堆东西过马路，你过去帮忙。"我帮你拎，大娘。"没想到老太太忽然大叫："抢东西呀！"你可能觉得很受伤害。但从老太太的角度看，这也正常，因为她并不了解你，甚至她认为没有必要去了解你。你真正无法接受的是别人对你的评价，或者别人根本不愿意去花时间了解你。

感召力背后的信念开关是爱。印度哲学家克里希那穆提说：爱就是全然地接受自己之后自由的行动。当我们感觉受伤的时候，一定是我们对自己的某些方面是无法接受的。就好像有人向我们撒了一把盐，谁会感觉到疼呢？一定是那个身上有伤口的人。其实，我们今天遇到的任何一件事、任何一个人，都可以认为是我们生命的一种缘分。我们习惯把那些对自己有利的、给我们带来益处的缘分，称为善缘。反之，我们称之为恶缘。这都是我们自己对缘分做出的定义，缘分本身没有善恶之分，它只是发生在我们身边的一件件事和我们遇到的一个个人。我们需要做的便是通过这些缘分找到自己行为处事的人生模式，然后通过觉察而接受，进而由接受而迁善。

这时，我们就会发现，每份缘分都是上天给我们安排的礼物，尽管有些礼物的包装是痛苦失落，以及无以名状的悲伤。但通过这些缘分，我们可以让自己变得更加圆满，活出爱的力量。那时，我们会惊异地发现，感召的过程成为化缘的过程，我们通过这种过程，遇到了一个个未知的自己，让自己的内心获得成长与圆满。这就是感召的历程。

第四节　创业新趋势

在"飞"的阶段，企业家思维格局的升级和拓展至关重要。只有企业家打开边界，活出爱的力量，才能站在行业和产业的制高点，思考客户未能满足的需求和行业未能解决的问题。其艰难不亚于二次创业。这是企业转型与升级的关键点，也是企业家在这一阶段还能保持创业激情的动力源泉。由于"飞"的阶段，相当于企业的二次创业，这一阶段的一些特点也适用于创业期的企业。

近年来，在互联网和"第三次工业革命"的时代背景下，全球主要经济体创业活动蔚然成风。资本的提前深度介入，使创业企业的资源条件和内部治理有了很大改善，创业企业的战略图景及商业模式更加清晰和可行。理论界针对创业活动，也提出了一些新的战略主张。例如，"精益创业"理论，提出创业的三大工具"最小可用品""客户反馈""快速迭代"，这无疑会加快企业在创业期的试错历程。"从0到1"创业理论，强调创业企业需在细分领域内构建垄断性优势。雷军创办的小米的成功，提供了现代"压强式"创业的典范：在一个大市场内，整合优秀团队和多种资源，构建创新性的商业模式，并聚焦在关键竞争要素（极致单品、应用软件、粉丝社群）上，压强式突破，迅速形成竞争优势。

我们也正是在对以上理论与实践的探索上，提出了商业模式转型与升级的第一对原则。早期的陌陌，专注于陌生人社交这个问题；最初的百度，解决如何有效地搜索到自己想要信息的问题。同时，我们也必须看到，虽然"飞"的阶段的一些操作方法也适用于创业期的企业，但凡事有一得也必有一失。毕竟创业期的企业，无论在经验、资源，还是企业家的经历方面，都无法与"飞"的阶段的企业与企业家相比。一个天真无邪的孩子与一位历经人生的修行者，往往有很多相似的表现，但你不能认为一个天真无邪的孩子就是一个历经人生的修行者，甚至是觉悟者。因为他们一个在前期尚未开始，一个经历后已经超越。

在实践中，新创业模式确实有很多成功案例。但这些案例往往有一些特殊条件，我们把这些特殊条件概括为七个字：有心、有力、有承载。有心是指新创业模式成功的企业，必须是真正肩负使命的企业。有力体现为三个方面：一是必须具备商业模式发力点；二是具备行业影响力；三是具备足够的资本实力。有承载是指企业家的修为必须达到一定境界，最起码付出与感召的心智力需要打通与突破。从这个意义上讲，新创业模式的本质无非是在"爬"的阶段做"飞"的事情。快固然是快，如果条件不够，就是一件非常危险的事。

对这些成功案例的传播固然振奋人心，但对创业者的误导，使更多没有经验的创业者迷失于浮躁。任正非曾就互联网精神说过如下一段话：不要再提互联网精神，以免误导青年员工。一定要相信汽车必须是汽车，金融必须是金融，豆腐必须是豆腐。我们套用任正非先生这句话：一定要相信，创业必须是创业。再好的模式、再大的大饼、再多的资源、再诱人的分润机制，都不能替代为客户创造价值的产品，为社会创造财富的责任，否则就是背本趋末。这里我们再次指出：只有真正的智者才会下笨功夫。如曾国藩总结多年实战经验时所说的八个字：稳战求实，少用奇谋。

补充阅读：《百年企业，百年梦想》片段

这是我多年前写的一篇文章，文中阐述了当时我对企业家格局的思考。在"飞"的阶段，企业家格局的提升不仅是企业成功的关键，还是企业二次创业的动力。在此，作为本章的补充阅读部分，请读者朋友参阅。

一、老板与员工的关系

所有的老板必须清楚地认识到一点：员工不是老板剥削的对象。

如果说，在工业时代，上述结论还有一定的市场的话，那么在知识经济时代的今天，如果老板仍然这么认为，则必将被时代的车轮压得粉碎。

老板和员工并没有区别，他们在同一个平台创造价值，依据价值创造获得价值回报。作为平台的搭建者，老板比员工多了一份责任，也多了一项权利，如此而已。

员工不一定比老板收入低。事实上，只要员工为企业创造的价值超过了老板，员工的价值回报便会高于老板。也只有这样，员工才会持续为企业创造价值。如果一名员工为企业多赚了100元，就算给员工90元，也意味着企业多赚了10元。这也是人力资源专家们一再告诫企业家"好的人才是免费的"原因所在。

二、老板的格局

对老板的格局，越来越多的人做着各种画蛇添足的诠释。其实，老板的格局就是一句话：每一位老板，无论你是企业的创立者，抑或是企业最大的股东，你都必须清楚这个企业最终不是你的。

每个企业都是一个信念坚定的人或者一群志同道合的人留给这个

世界的一份礼物。当这份礼物还在你的手中时，你把它作为实现自己小我梦想和价值的舞台、大我修炼和能量提升的道具。当你不能为企业创造价值时，在适当的时机，你要把这份礼物交给更合适的人，让它发挥更大的价值，而不是成为企业成长的障碍。这样一来，当我们快要离开这个世界时，每个人的内心会充满喜悦而了无遗憾。因为在这一次人生的旅程中，我们既获得了身心的成功，又得到了灵魂的圆满。

老板看待企业，如同我们对待自己的孩子。从这个小宝贝出生，我们就必须清楚，他不是属于我们的，他有自己的人生和生命轨迹，无论我们怎样爱他，无论当初付出了多少，我们都没有资格向他索取什么。我们需要做的就是在他生命的伊始，把正向的思想和信念注入他的灵魂，让他的生命绽放出更加绚丽的光彩。

一个传世的企业，要想不断绽放新的生命力，就一定需要新鲜的血液，这就需要建立基于价值贡献的文化。在这样的文化里，价值创造最大的人，将获得最大的回报，有可能超过最大的股东，甚至有可能成为这个企业新的老板和最大的股东。在这样的文化里，所有的股东不会为价值创造者的回报而感到不平衡，反而会为此欢呼雀跃；在这样的文化里，所有的股东不会躺在自己的投资或过去的功劳簿上坐享其成，而是会不断提升自己创造价值的能力；在这样的文化里，已经退休或死亡的股东，不会占有大比例的股份，因为金钱是流动的能量，只有激活每一份股权，企业的生命力才会焕发光彩。当然，我们也会建立保护股东利益的退出机制，尤其是创始人的利益。只有这样的企业，才能成为百年企业，也只有这样的企业，才有资格成为传世企业。

因为我们深知，企业竞争到最后其实就是股东核心团队格局之争。而股东核心团队的格局，并不是某一个股东个人的格局。个人的格局只能体现在为实现共同目标的妥协上，这种妥协虽然不失为一种伟大之举，但对核心团队的格局形成有利有弊。只有核心团队形成共识，才能建立事业的大格局，从而产生巨大的正向能量，推动事业的前进。

我相信，只要我们每一个人都能够在实践中不断地学习和总结、自省与迁善，最终会经历喜悦的过程，达至喜悦的终点。

本章精髓

1. 文化系统框架图

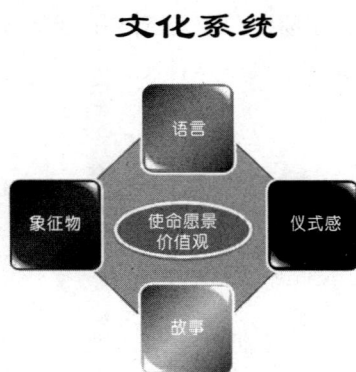

文化系统

语言

象征物 使命愿景价值观 仪式感

故事

2. "飞"的阶段企业成长关键点

发展阶段	经营系统	管理系统	资源平台	文化系统
"飞"的阶段	商业模式转型与升级	投资管理 ①上马 ②下马 ③税收 ④政策	建立学术高地，制定行业标准	文化系统整体建设

3. "飞"的阶段企业家成长

发展阶段	工作特点	角色	特征能力	心智力	信念开关
"飞"的阶段	自来水 雨水	精神领袖	取势工作者	付出 感召	边界观 爱观

4. 平台建模工作的三个阶段及工作重点：

（1）商业建模阶段。①创造客户需求；②建模；③商业逻辑：最关键的是第一对原则；④交易结构。

（2）组织配称阶段。①业务流程；②晋升机制。

（3）业务运营阶段。①预算；②商业计划；③市场拓展。

5. 总部对投资项目的价值分配有两种模式：

（1）家模式。

（2）国模式。

6. 企业组织的四次革命：

（1）工业革命。

（2）生产力革命。

（3）管理革命。

（4）创新革命。

7. 取势工作者的四种能力：

（1）取势。

（2）顺势。

（3）布局。

（4）造势。

8. 布局者的领导艺术：

（1）功成而弗居。

（2）允许泥沙俱下。

（3）水流入海的笃定与水滴石穿的韧性。

第三篇　卓越篇

道者，令民与上同意，可与之死，可与之生，而不危也。

第八章

一步踏错，满盘皆输；君子务本，守正出奇

　　本章是一个特殊章节，在"爬、走、跑、飞"各个阶段里都有一些陷阱，这些陷阱处理不当，轻则会影响企业的发展，重则直接导致企业命运的终结。本章我们将着重阐述那些企业成长过程中主要的陷阱和企业家容易犯的错误，从而帮助企业家减少损失，控制风险。

　　另外，我们还将讨论一个重要的课题：商业的本质是什么？如果用一句话概括商业的本质，那是什么？我们如何诠释这一句话？其要点又是什么？

第一节　商业陷阱

一、"爬"的三大陷阱

（一）管理过多

企业在"爬"的阶段通常人力、物力、财力都不是特别强。管理本身是不创造价值的，而是消耗成本的，管得越多越细，意味着管理成本越高。创业阶段也是团队激情最强的时候，很多团队的伙伴在工作中的投入是自动自发的，管理过多容易造成对激情团队氛围的破坏。这一时期的管理，不是越多越好，而是恰如其分。例如，如果团队中有一个销售骨干，他经常迟到，我们如何处理这一问题呢？最不适合的做法就是制定考勤制度一刀切，这无疑会对销售骨干的积极性有所伤害，因为他也许在下班的时间加班或者陪客户聊天、吃饭、喝酒。当然，也不能对这样的现象不闻不问，而是从支持销售骨干更好地做好工作这一角度找他谈心，让他明白他迟到对团队带来的不良影响，与他共同商讨解决的办法。此时的管理是以企业家管理为主，而不是制度管理。

（二）拼命抓资源

"爬"的阶段第二个易落的陷阱，就是拼命找资源。在"爬"的阶段，企业的资源严重不足，企业家对外寻求资源本身无可厚非。但资源有一个规律，就是只向能把自身价值最大化的方向移动。这就注定了在"爬"的阶段，即便企业家能够找到合适的资源，很多情况下也会因自身能力不足承载不住，最终导致资源的浪费，亦造成自己时间和精力的耗费。我们主张"爬"的阶段以自己先天的资源为主。大部分企业在不具备先天资源时，与其拼命抓资源，不如踏踏实实做好自己现阶段能做好的事儿。慢慢地，资源才会被吸引过来。换言之，资源不是抓来的而是被吸引来的。

（三）认为："项目＋合适的人＝成功"

在"爬"的阶段，很多老板认为有一个项目加上合适的人，就等于成功了。例如，现下非常流行的众筹模式，有投资人、有资源又有人。在这样的条件下，我们可以认为具备了成功的关键要素。但现实的结果是，绝大多数众筹项目都胎死腹中了。这说明，除了我们认可的这些关键要素之外，仍然有其他重要因素制约着项目的成败。这些重要因素是什么呢？商业逻辑、操作系统、交易结构、治理结构、顶层股权、盈利模式等，都是较为重要的环节。而所有这一切，不是那个企业家定义的"合适的人"靠一己之力就可以解决的。我们培养的顾问经常会被很多企业家定义为那个"合适的人"，一些顾问经不起诱惑，去扮演那个"合适的人"，这种情况往往是勉为其难或差强人意。而比较成熟的顾问会选择让企业进入我们的辅导系统，项目的可控性就会增强，风险性就会降低。这时，即便去扮演"合适的人"，也会起到事半功倍的效果。这就是优秀的顾问会"借势"，借助系统的力量。

二、"走"的三大陷阱

（一）认为激励是动力的唯一来源

激励毫无疑问是团队动力的来源之一，但把激励当作团队动力的唯一来源则有失偏颇，把激励理解为分钱则大错特错。我们与很多企业家讨论过这一问题，大部分企业家对激励的理解是比较狭义的。他们认为团队激励的手段无非以下三个：一是与绩效挂钩的工资或奖金；二是PK（挑战、对战、末位淘汰）与团队训练工作；三是员工持股或分红等长期激励手段。很多企业家甚至认为，只要把这三项工作做好了，企业管理的所有问题就会迎刃而解。

我们曾辅导过一家企业。企业从 20 多人发展到 70 多人，营业额从 3000 万元跃升为 8000 万元，这时团队的动力出现了严重不足，希望通过薪酬与绩效体系的调整来增强团队的总体动力。之前他们曾请过国际级的咨询公司，花了近 100 万元的咨询费用，仍然无法达到调整的结果。我们经过调研后发现，这一企业的动力不足并不是来自分配机制（价值分配），而是来自价值创造体系。换言之，当一个组织不知道每个部门或每个岗位如何在价值创造中扮演各自的角色时，无论如何分配都将是不合理的。我们首先帮助这家企业制定了年度的经营蓝图，然后把经营蓝图按照每个部门、每个岗位进行分解，同时通过我们的辅导计划把经营蓝图落地于季度目标，再通过顾问辅导把季度目标落地于月度和周目标计划会议系统，最后通过三点工作制建立每天的汇报机制，使企业的经营目标处于可控的状态。在此基础上对现有的绩效与薪酬体系进行了简单的调整与改善。在整个调整的时间和人力物力的匹配上，前一段关于经营系统与目标会议系统的导入与建立，占到我们咨询 80% ～ 85% 以上的份额，薪酬与绩效的调整只占到了 15% ～ 20%。其调整的结果，令企业家非常震撼，远远超过他对国际级咨询公司的预期，这一项目也使我们坚定了自己的咨询方向。

PK 加团队训练的激励手段适合短期的战役型运作，特点是明显、快速、有效，在团队总体信心不足的时候，能迅速提升团队信心，有点儿类似于强心剂。对企业长期运作来说，这种方式往往利弊参半。关于员工持股与分红等长期激励手段，我们将结合第三大陷阱——团队 + 分钱 = 业绩，详加讨论。

我们对企业的调整分为以下几个阶段。第一阶段，重点是把目标落到支点增加经营的可控性，这是我们调整企业的核心技术。这一阶段通常是先从企业的市场或销售部门入手。企业经营不可控的主要原因是目标的制定拍脑门儿，目标分解只有落点没有支点。调整后的企业，往往能够清晰地看到每个部门甚至每个员工的行为如何影响企业目标的达成。这时企业的经营目标就有了支点。一般企业在刚刚进入我们的辅导计划时，第一个季度我都会告诉他们，他们的目标对我没有那么重要，高一点低一点都没有关系，是不是具备挑战性也不是我这阶段需要关心的问题。这一阶段我关心的问题就是如何通过目标找到支点，这是实现经营可控性的关键。当找到了业绩的支点时，企业的调整就进入了第二阶段。此时的业务人员已经非常清楚，他做什么样的动作可以让企业的业绩提升或下降。于是，我们的顾问就做一点儿推动的工作，"想不想多赚点儿？"毫无疑问，答案是肯定的。"这个月我们可以从工资里拿出 1000 元与公司做一个对赌，如果超额完成目标让公司出 2000 元，如果达不到目标我们就输掉 1000 元。"我们的 PK 开始了。两三个月后，这样的 PK 就会被引到其他部门。以生产型企业为例，销售部门就会来挑战生产部门，当我们完成了业绩时，如果生产不出来保质保量保交期的产品，生产部门愿不愿参与对赌？生产又会向采购提出要求，采购当然需要财务部门提供资金，而财务又回到了销售的回款，闭环就形成了，之后辅助的行政和人力资源部门都会受到牵动。这就是调整的第三阶段，良性循环就完成了。我们用这样的方法调整了多家企业，绝大多数都取得了圆满的成果。

综上所述，团队的动力有两个重要影响因素：一是激励；二是经营的可控性。用公式可以表达为：动力 = 激励价值 × 经营可控性 = 激励价值 × 成功概率 / 失败代价。两者缺一不可。经营可控性又有两个重要因素：成功概率与失败代价。举个例子：如果我说，你今天能够闯过一个 10 公里宽的地雷阵，我给你 1000 万元。你愿意尝试吗？恐怕大多数人会犹豫，因为这件事太不可控，成功的概率比较小，失败的代价比较大。这时，如果我给你一张地雷分布图，你的动力就会强很多，因为你觉得这件事可控性增强了。当然你还是会有一些犹豫，因为你不知道那张图的准确性以及是否值得信赖。这时，我告诉你，这一片地雷阵就是我布的，也只有我提供的这张地图是最准确的，同时我愿意和你一起闯，且愿意走在你的前面，条件是1000万元到手，我要先分600万元。这时，虽然你的激励价值降低了，但你的动力更强了。

（二）为管理而管理

管理本身没有目的，管理唯一的目的是实现经营的目的。管理是手段，盈利才是目的。在"走"的阶段，管理系统需要建设与导入，这时的工作重点以及很多工作是围绕管理系统进行的，但这并不代表管理系统成了企业经营的目的。那种为了管理而管理的方式，从一开始就搞错了方向，不仅会造成大量管理成本的浪费，更会使管理工作丧失目标，最终导致管理工作的无效。

（三）团队 + 分钱 = 业绩

很多老板认为，只要有大格局，洞悉人性，愿意和团队共享利润，就会带来企业发展和走向成功。这在理论上是说得通的。在现实操作上，员工持股计划往往失败，阿米巴模式很难推行，奖金核算难以合理，薪酬调整和绩效考核往往降低了员工的积极性。这一切都是为什么呢？

企业中所谓的分钱，其实是个悖论。企业家真正给员工提供的不是钱而是机会。机会是留给有准备的人的，当员工没有做好准备时，企业的机会将不是一份美好的礼物，而是一种额外的负担，这也是员工持股计划事与愿违的原因。作为企业家，他们希望通过员工持股计划让员工与企业一条心，共担风险共享收益，这是其初衷。换言之，企业家提供给员工的不是利益，而是一份风险共担利益共享的机会。但员工往往把持股计划理解为一种利益，这样的理解偏差等于在员工持股计划的开始就埋下了隐患。当企业经营顺风顺水时，当然是你好我好大家好。然而，任何企业经营都难免有高峰和低谷，当企业经营处于困难期时，员工往往认为持股计划成了企业家给员工画的大饼。企业家所希望的风险共担不仅没有出现，反而造成了负面的内心对话，这也就注定了员工持股计划的失败。

阿米巴模式是经过实践检验的一套成功模式。为什么在导入时会失败呢？因为阿米巴模式成功导入有三个前提条件：一是稻盛哲学；二是划小核算单位的财务体系；三是具备经营思维和经营系统的阿米巴领导者。其中第三点尤为重要。阿米巴模式本质上不是一种利益而是一种机会，当核心团队不具备把握这种机会的能力时，阿米巴模式将会给团队带来巨大的压力，这是阿米巴模式导入失败的主要原因之一。

企业家必须明白：你能够分给团队的利益，本质上不是钱而是机会，比分机会更重要的是培养核心团队把握机会以及把机会变现的能力。只有这样，你的团队才会成为企业的经营团队，才能够把握机会，敢打仗、会打仗、能打胜仗，把机会变成利益。

三、"跑"的三大陷阱

（一）只做大不做强，或者只做强不做大

关于做大与做强的问题，前文已多次讨论。这里只想强调一点，做大与做强虽然是相辅相成的，但在实际操作上还是会有一个节奏问题。而节奏是企业经营的艺术部分，最能体现经营者的智慧。企业需要根据自己掌握的资源与实力情况，把握好相关节奏，以免顾此失彼。

（二）过早"跑"

过早"跑"体现为当企业盈利模式尚未成熟时，提早进入盈利单元复制阶段。这时就会造成一个问题，企业复制体的盈利性很难保证。早期，我们曾经给一家旅游公司做过咨询，当时正值国家对旅游业进行行业整顿。这家公司正是抓住这一契机，整合了业内多家旅行社迅速做大，两年内便发展到 70 多家分支机构。随着企业规模的扩大，管理难度越来越大，企业高层深受其苦，这家企业找到了我们。当我们进行高层访谈时，他们列举了很多令他们头痛的管理问题，如员工的职业化意识不强、规章制度和行为规范形同虚设、团队积极性不高、分支机构的店长不敢对违背规章制度的员工进行惩罚……诸如此类。

当他们列举完管理的一系列问题后，我问的第一个问题令他们非常吃惊，"能不能告诉我，70多家店有多少是盈利的，多少是亏损的？"他们彼此看了一眼后告诉我："目前处于盈利状态的只有原来的十几家，有二十几家处于亏损状态，其他则是有时盈利有时亏损。"然后，企业的总经理问我为什么会问到这一问题。于是我向他们一一作了解释。有的店盈利有的店亏损，有时盈利有时亏损，这正是早"跑"的标志之一。代表企业尚没有探索出可以复制的盈利模式，过早进入盈利单元复制阶段。这在随后的店长访谈中得到了证实。当我问店长为什么有的月份盈利有的月份亏损时，竟然有个店长这样回答：这个月天气好人来得多就会盈利，下个月天气不好人来得少就会亏损。我又问他，你的收入是与店的盈利挂钩的吗？他点头称是。接着我又问他，那你有没有想过自己做一点什么能够让店的盈利提高呢？他摇摇头告诉我，其实他也不知道做些什么。于是我跟他开玩笑："如果你的店的盈利只与天气有关，那么你能做的就只有一点——拜龙王。"

当企业盈利模式未成熟时，企业的业绩往往无法找到落地支点。此时基层的管理者往往无能为力。加之店长及团队的收入又是与单店业绩挂钩，自然会导致团队的积极性不高，团队成员就处于不稳定的工作状态，店长担心员工流动带来的负面影响，不敢对员工的违纪行为进行惩处，制度形同虚设就是顺理成章的事情。听完我的分析，他们觉得很有道理，请教我怎样才能提高团队的积极性。我笑着问他们想治标还是治本。如果治标就做一次团队训练，两个月之内团队积极性会非常高。他们问我两个月之后怎么办？我回答那就再做一次团队训练。他们已经习惯了我这种半开玩笑式的咨询方式，不禁哈哈大笑起来，于是让我说一说治本的方法。我告诉他们要想"治本"就需要进入我们的辅导系统，为业绩目标真正找到支点，然后用半年到一年的时间，产生相应的业绩成果。这时店长团队便会发生从管理团队到经营团队的根本转化。企业抓住这一契机，适时推出类似于阿米巴式的经营模式，与团队建立利润共享机制，团队的积极性以及上述呈现的管理问题将迎刃而解。这就是我们调整企业采用的方式。

通过这一案例，不难看出过早"跑"给企业带来的一系列经营与管理问题。

（三）有招商没支持

招商系统解决的是谁和你一起干的问题，支持系统解决的是和你一起干能不能赚钱的问题，支持系统决定了企业的盈利模式是否具备复制性。有招商没支持是企业浮躁的体现，这样的企业经营是无法持久的。一般来讲，企业的支持系统由四个部分构成：一是硬终端；二是软终端；三是产品技术支持；四是日常运营支持。

硬终端包括了盈利单元复制体的一系列硬件设施，包括装修装饰、门店门头、设备设施、宣传品物料、产品陈列、办公用品等。而软终端主要体现为复制体的各种流程，其中以销售流程、服务流程和技术流程三大流程为主。对于不同的企业这三大流程呈现形式不同，有些企业的技术流程与服务流程是合二为一的，有些企业销售流程与服务流程是合二为一的，有些企业三大流程是融合在一起的。产品技术支持体现为对行业知识、企业知识、产品知识、竞争对手、竞品知识的掌握和了解，也包含复制体所必须要掌握的技术要领和技术操作。日常运营支持主要体现为企业的盈利模式、初始组织架构设计、岗位职能分工、薪酬与激励体系设计、会议报表系统、客户管理系统、基本管理制度，以及开业促销系统等。

不难看出，企业的支持系统才是企业能否复制的关键，也是招商系统是否具有持续性的保障。有招商没支持，是企业在复制阶段不负责任的体现，也是企业在"跑"的阶段失败的导火索。

四、"飞"的三大陷阱

（一）没有商业模式发力点，想要只靠模式成功

第七章我们讨论新创业模式，提到过"飞"的阶段的很多方式是适

合创业企业的。新创业的企业与经历过"爬、走、跑"阶段进入二次创业的企业，到底有什么不同？不言而喻，基础不同。且这种基础就体现在商业模式的六大发力点上。

能够进入"飞"的阶段的企业，通常会具备商业模式六大发力点中的一两项。六大发力点的强弱是不同的，一般强发力点更容易成功。新创业的企业大部分是不具备商业模式发力点的，那种以为单靠某种模式或某些机会、风口，就会带来成功的企业概率是比较低的。为什么新创业模式还是成就了很多成功企业呢？这就要谈到一些特殊条件了。我们研究了一些新创业模式成功的企业，发现他们都先天具备商业模式的某些发力点，如有些具有独有的核心技术，有些具备无法被模仿的价值主张，有些是边际成本递减或财务结构优化的先行者，有些是借助某些发展契机成为客户新需求或行业升级的引领者。而这些通常都具备一定的原创性，一旦过了红利期，则无法被后续者模仿。如果把这些作为普适性规律，就容易把创业者引入误区。

（二）以为商业模式可以完全复制

曾经有这样一种观点：国外成功的商业模式＋中国式团队＝成功。这是一种典型的误导，也是容易使企业家心态变浮躁的观点。没有哪一种商业模式是最好的，商业模式最关键的是适合。商业模式需要适合的要素有很多，如产品与服务的特点、目标客户的特点、资源配置的方式、商业逻辑的设计、交易结构的形成等，甚至包含领导者风格与历史文化特点。如果不适合，再好的商业模式也没办法形成商业闭环。在所有要素中，商业模式最需要适合的是企业的成功因子，成功因子不同所构建的商业模式完全不同。

什么是企业的成功因子呢？让我们来看看被无数人吐槽过的诺基亚吧。如果你愿意睁开探寻真相的雪亮的眼睛，会发现诺基亚如今过得很好。当年诺基亚为什么要退出如日中天的手机市场呢？看一看诺基亚的广告语——科技以人为本，你就明白诺基亚的成功因子是什么了。现在你还认为手机是一个高科技的产品吗？手机越来越成为一件快速消费品。这已经偏离了诺基亚的成功因子。2014年4月，诺基亚宣布完成与微软公司的手机业务交易，将设备与服务业务出售给微软后正式退出手机市场。紧接着，任命拉吉夫·苏里担任诺基亚总裁兼首席执行官。2014年11月18日，诺基亚正式发布第一款Android（安卓）平板电脑，之后致力于移动网络基础设施软件和服务、测绘导航和智能定位、先进技术研发及授权。2015年11月18日，诺基亚正式启动166亿美元收购阿尔卡特朗讯；2016年5月18日，授权HMD（芬兰公司，主要创始人均来自诺基亚）公司及鸿海集团旗下富士康进行生产制造；2013年至2018年诺基亚5G技术的全球专利申请量共计2133件，电信网络设备供应商中以占有约10.5%的专利申请量稳居第二。"科技以人为本"就是诺基亚的成功因子。这样的转型在诺基亚的历史上不止一次。当一个领域不再以科技为主要标签的时候，就是诺基亚退出该领域的时机。

那种认为商业模式可以完全复制的观点，是缺乏对商业本质的认识。那种无视企业成功因子只强调商业模式的做法，对企业发展有百害而无一利。

（三）只考虑自己，不考虑行业问题

我们与企业家交流的过程中发现，一些企业家很有野心和激情，他们想把自己的企业做大做强，甚至做到行业的领先位置，但他们的思考点只是放在自己的企业，无法上升到行业和产业的高度。换言之，他们还没有做好贡献的准备，还没有更大的格局，付出与感召的心智力尚不足。这时，他们的思维就会受到限制。虽然企业已经具备了"飞"的条件，但由于思维的限制，他们无法发现行业未能解决的问题或客户未能满足的需求，即便发现了，也不愿意承担这一责任，用一己之力引领行业和产业去到一个新的高度。这时，企业的发展就停滞了，这样的企业是无法达到"飞"的阶段的。长此以往，企业家就失去了创业的激情和发展的动力，企业就会进入生命周期理论的下行阶段。

当然，这对于企业家个人来讲无可厚非，因为这时企业已经发展到了一定程度，企业家基本实现了财务自由，可以选择自己想要的生活方式，毕竟事业不是生活的全部，我们尊重每一位企业家的选择，同时我们也认为，这是企业家急流勇退的最佳时机，知止也是人生的大智慧。

第二节　商业本质

　　商业的本质是什么呢？其实就是一群对的人做一件对的事。

　　什么是对的事？就是能够为社会上某一个特定人群创造一个特定价值的事。这里面有一点非常重要，就是一个健康的企业必须是一家基于价值创造的企业，而不是基于价值转移的企业。价值创造一定会有一个价值增加的过程，而不是把价值从别人的口袋转移到自己的口袋，不然迟早会有问题。什么是对的人？就是你清晰地传递了这件事的价值，这时就会发现，有些人愿意为了这个价值买单，有些人愿意和你一起创造这一价值。通常这两类人中，一定有一些是重合的。在寻找对的人和事的过程中，你肯定要走一些弯路、经历很多磨难，这是发展中的问题，并不影响方向和结果。

　　企业家的浮躁，往往体现为不愿意做商业本质上的事，而是期待通过一些短期手段去获得暂时的速度。比如，很多直销公司的产品是非常不错的，他们的初心是为了人类的健康，他们商业模式的初心也是很好的——省去中间环节让消费者获得更大的利益，以及为一部分愿意成为经销商的人提供事业机会。这是一件共赢的事情，为什么操作过程中会出现那么多的问题呢？从商业本质上讲，是他们的人找错了。如果一家直销公司传递的理念是：我要健康的生活方式，顺便赚点钱。这家直销公司就是健康的。如果一家直销公司传递的是：我的产品只是个载体，只是个赚钱的工具。这家直销公司就是不健康的。第二家直销公司有可能比第一家直销公司发展得要快一些。原因很简单，两家直销公司找到的人是不一样的。第一家公司找到的是对产品充分认可的人，这决定了这家公司的长远发展。第二家直销公司找到的，只是想迅速赚钱的人，这就造成了初心的丧失。初心丧失就会带来公司对话系统的混乱，以及参与者更多的内在冲突。冲突在开始的时候不会显现，当公司发展到一定规模时，将造成公司整体能量的耗损，为公司的崩盘留下隐患。举个例子：这两家直销公司都是 1 年开发了 1000 个会员，第二年他们的保持率会是多少呢？第一家公司找到的是产品的爱用者，只要产品质量稳定，保持率应该在 70% 左右。而第二家公司找到的是想短期赚钱的人，如果他们发现了更好的机会，或者在这一家公司没有办法快速赚到钱，他们就会离开这家公司，保持率通常会低于 50%。同时，对第一家公司产品质量和效果认可的消费者，会产生自发型的转介绍。第二家公司由于以钱为动力，必然会产生拉人头的现象，为公司的发展带来不可控的风险。这就是一个商业系统的范畴。

为了一定的目的，以产品、环境、音乐、语言等一系列的内容元素为手段，传递有指向性的能量场，这才是商业系统设计的核心问题。商业系统有很多有效的元素，有人认为我的产品好就可以成功了；有人说产品不重要，模式才是最重要的；也有人说，团队更加重要。这些观点都是正确的。但如盲人摸象，只见树木，不见森林。商业系统设计的关键要素是实现商业闭环。商业闭环的形成往往需要牺牲一些元素。如果这一闭环是一个圆，固然是完美的，更多时候这一商业闭环的设计是取决于强弱优劣的取舍的。这就预示着这一闭环不可能那么完美。产品、模式、团队，甚至领导者的风格，这些都是商业模式的关键元素，但对于商业闭环的形成来讲，这些又都不是最重要的。严格意义上讲，这些元素各自是否完美并没有那么重要，重要的是彼此适应，形成统一的对话。这是商业模式的范畴，也是商业闭环形成的关键所在，检验的标准就是极少的内在冲突。

当一个企业做了对的事情，找到了对的人时，商业的本质就建立了。君子务本，本立而道生。有没有生道，检验标准要看是否获得能量的回流。获得能量回流的企业，有如神助。这类企业的企业家苦而不累，变而无穷。这就是本立道生的体现。

第三节　经营的最高智慧：让子弹飞一会儿

某食品有限公司是我们辅导的一家企业，也是东北规模较大的松花蛋专业化生产企业，公司成立于 1998 年，20 年匠心营造，实现腌制、销售一体化，产品销往全国各地。该公司加工出来的松花蛋松花明显、晶莹剔透、口感香醇、味道鲜美、回味绵长。以醇、浓、鲜、香，赢得客户广泛好评。

这是一个细分领域，长期的辅导经验让我明白，任何一个看似平常的小行业往往都有无限的发展空间与潜力。梳理与盘点后果然发现：在上游，目前他们的体量已经足够消化一个县的鸡蛋总产量。当然由于对原材料的精选，这一个县的鸡蛋总产量可能只有 20% 符合他们的用蛋标准。在下游，目前他们还在用传统的经销商和批发渠道作为销售的主渠道，其他下游产业链的延伸动作尚未开展。这些都为这家企业未来的商业模式升级提供了无限的空间。现在是否能进行这样的动作呢？我们诊断后的结论是不行。针对这一项目，具体怎么办呢？我们经过诊断分析，认为还是要从企业基础的底层建设入手。主要有五项调整：一是建立销售团队，变被动营销模式为主动营销；二是设计成交点，通过有意识的拉动，增加合格经销商的转化率；三是对客户进行分级管理，建立目标分解的数据体系，让企业销售有据可依；四是对潜在客户进行电话跟进，一方面了解市场第一手信息，另一方面拉动销售潜力；五是对客户自然流量进行分类，为决策提供市场依据。经过五项调整会达到怎样的结果？答案是不知道。因为这只是企业调整的投石问路阶段，如同一场战役的火力侦察。有一点可以肯定，这五项措施实施后一定会有一个结果。无论结果是什么，我们都有了下一步调整的方向，这是投石问路和火力侦察的意义。

系统的打法对于大多数企业是陌生的，导入的过程中会有很多的不习惯，这时要学会"让子弹飞一会儿"。在第二次月度会议辅导中，这家企业核心团队管理思维开始向经营思维转变，具体体现为可以自行召开会议讨论经营中发生的即时问题，而不是等待着老板的决定和指令。团队开始认识到数据对于经营的重要性，并在每次会议结束后都有非常明确的行动计划。从每个人的分享中，也不断感受到员工能力的提高和对角色的认识更清晰。对于目标的分析，不再用激励的老方法去达成更高的目标，而是在系统性思维的支持下，根据支点做出各种尝试动作，通过对各种动作反馈的数据分析制订下一步的行动计划，从而做到企业经营的可控性成长。这时的企业才会具备很强的战斗能力，企业创始人也深深感受到企业和团队已经从偶然不可控的状态进入了可控的状态，可以放心将经营交付给团队，对未来市场的掌控能力也有了很大的提升。

我们辅导的大多数企业，由于原来的浮躁，在系统建设方面会有很多缺失，浮躁得越厉害，缺失就越多。如果不补足这些缺失，系统的建设与企业的成长就永远如镜中花水中月。在进入辅导之前，企业家必须明白：你必须为前期的浮躁买单，你必须为系统缺失买单，你必须为没有经营数据买单，你必须为没有培养出合格的经营团队买单，你必须为没有自己的盈利模式买单。这就是代价，也是你进入辅导体系的承诺。

所以，学会"让子弹飞一会儿"是企业家摆脱浮躁的重要修炼，也是企业家成熟的体现。

本章精髓

1．"爬"的三大陷阱：

（1）管理过多。

（2）拼命抓资源。

（3）认为"项目＋合适的人＝成功"。

2．"走"的三大陷阱：

（1）认为激励是动力的唯一来源。

（2）为管理而管理。

（3）团队＋分钱＝业绩。

3．"跑"的三大陷阱：

（1）只做大不做强，或者只做强不做大。

（2）过早"跑"。

（3）有招商没支持。

4．"飞"的三大陷阱：

（1）没有商业模式发力点，想要只靠模式成功。

（2）以为商业模式可以完全复制。

（3）只考虑自己，不考虑行业问题。

5．管理本身是不创造价值的，而是消耗成本的。

6．资源不是抓来的，是被吸引来的。

7．企业调整的三大阶段：

（1）先从企业的市场和销售部门入手，把目标的落点变为支点，让企业经营实现可控性。

（2）推动业务部门引入与公司的 PK 与对赌机制。

（3）牵动交付部门与辅导部门形成闭环，进入良性循环。

8. 团队的动力 = 激励价值 × 经营可控性 = 激励价值 × 成功概率 / 失败代价

9. 企业真正给员工提供的不是钱而是机会。

10. 阿米巴成功导入的三个前提条件：

（1）稻盛哲学。

（2）划小核算单位的财务体系。

（3）具备经营思维与经营系统的阿米巴领导者。

11. 招商系统解决的是谁和你一起干的问题，支持系统解决的是和你一起干能不能赚钱的问题。

12. 支持系统决定了企业的盈利模式是否具备复制性，有招商没支持是企业浮躁的体现。

13. 企业支持系统的四大组成部分：硬终端、软终端、产品技术支持和日常运营支持。

14. 硬终端包括装修装饰、门店门头、设备设施、宣传品物料、产品陈列、办公用品等。

15. 软终端三大流程：销售流程、服务流程和技术流程。

16. 日常运营支持体现为：企业的盈利模式、初始组织架构设计、岗位职能分工、薪酬与激励体系设计、会议报表系统、客户管理系统、基本管理制度，以及开业促销系统等。

17. 国外成功的商业模式 + 中国式团队 = 成功，这是一种典型的误导。

18. 无视企业成功因子，只强调商业模式，对企业有百害而无一利。

19. 商业本质就是一群对的人做一件对的事。

20. 对的事就是基于价值创造的事，而不是价值转移的事。

21. 商业系统设计的关键是实现商业闭环，商业闭环的形成往往需要牺牲一些元素。

22. 商业模式的范畴是商业闭环形成的关键，检验的标准是极少的内在冲突。

第九章

三条线，决定生死；可能性，显化乾坤

本章是本书的终章，也是本书的总结与升华，让每一个企业家了解企业成长与企业家成长的过程和规律，从而了解企业当前的发展阶段，乃至明确未来的发展目标，支持创业者从生意人成长为企业家是本书致力的方向。在这张企业与企业家成长的地图中，有三条线至关重要，分别是生命线、瓶颈线与先行线。本章中我们将对这三条线进行详细介绍，此外还将总结之前提到的企业家八项心智力，并对十一项心智力中的另外三项核心心智力进行全面解读。

第一节　三条生死线

一、生命线

即企业从"爬"到"飞"这四个阶段的"经营"线。当企业缺乏经营系统时，企业是无法存活的，这是企业地图中最重要的一条线。

在"爬"的阶段，我们最重要的一项工作是建立产品与客户之间的桥梁。在这一过程中，我们需要不断地试错，试错的方式就是通过产品呈现，把产品的卖点不断传递给目标客户，并通过营销模式让目标客户做出认同的反应。只有客户愿意买单，才代表目标客户的认同。这一桥梁搭建完成的标志是找到了独特价值，进而产生了一系列的财务数据、成本结构、收入结构，以及与之相关的利润结构和现金流结构，这就是经营系统的搭建过程。

在"走"的阶段，我们面临的考验是上规模，这就需要解决盈利模式的问题。准确来讲就是要解决客户怎么来，如何成交，如何持续购买的问题。在解决这一问题的过程中，需要建立若干个关键的经营子系统，如客户管理系统、客户靶向性分析系统、客户分级系统、促销系统、客户转介绍系统、客户跟进系统等。

在"跑"的阶段，企业经营的重点已经变成做大与做强。这时，企业需要考虑的就是如何提升自己的竞争力与品牌力，在行业中建立起优势的同时让自己的盈利模式变得可以复制。之后，确定以何种模式开始复制，根据市场规划进行有步骤有计划的招商，并对合作伙伴进行支持以保证复制的成功率，这时企业的做大与做强就有了系统的保证。

在"飞"的阶段，企业需要站在行业与产业的角度，思考行业尚未解决的问题与客户尚未满足的需求。这对企业可能意味着商业模式的转型与升级，可能意味着平台的建立，可能意味着线上与线下的结合，可能意味着重资产的轻量化运作，可能意味着对行业的贡献和引领。

这就是企业的生命线。在每一个阶段，企业的生命线出现问题，这时企业就会出现生命周期理论之中的向下的拐点，就意味着企业要走下坡路，甚至走向衰落和死亡，这也是我们将这条线命名为企业生命线的原因所在。

二、瓶颈线

是企业每一个发展阶段的关键系统建设所连成的线。当企业发展受挫时，我们需要回看瓶颈线，在这条线上往往会发现突破的方法。

在"爬"的阶段，关键系统是企业经营系统。这一阶段管理系统再完善、资源再雄厚、使命再伟大，如果没有企业经营系统的搭建，一切都将化为乌有。

在"走"的阶段，关键系统是管理系统。这一阶段企业盈利模式开始建设，人员开始增加，分工需要明确，组织需要建立，与之相关的流程机制需要完成配套。目标会议系统需要在经营与管理之间形成衔接，并且指导目标的落地过程，并对此过程实施管控，管理者的领导力开始凸显。

在"跑"的阶段，资源平台的建设至关重要。人、财、物、信息都要为企业发展做好准备，企业跑的过程相当于军队进攻的过程，三军未动，粮草先行。如果资源平台的搭建没有做好准备，会出现因后续力量不足，造成企业发展受挫甚至前功尽弃的可能。

在"飞"的阶段，企业文化系统是关键系统。这一阶段企业如果没有使命、愿景、价值观的引导，不仅容易让企业偏离自己的发展方向，还不能影响和感召行业和产业内众多伙伴与自己合作，以及引领行业发展。

我们在研究企业发展陷入困境的原因时，发现了三大因素：一是企业的经营系统出现问题，这就是前述的企业生命线。二是相关的关键系统建设出了问题。这条线对企业的影响体现为如果相关的系统未能建立起来，企业的发展将处于停滞不前的状态，这时企业就需要回过头来补课，这也是我们将这一条线命名为瓶颈线的原因。三是企业家本人的成长出现问题，这就是下面我们要说的先行线。

三、先行线

也称为企业家成长的天花板。企业家的高度决定企业的发展高度，也就是说企业成长的高度长期来看不可能高于企业家的成长。企业家成长的重点是心智力的修炼，如果没有激情与承诺，企业家很难度过"爬"的艰难时期。当企业家责任与信任未能打通时，主要表现为不会用人，无法建立团队；当共赢与欣赏未建立时，对外合作就会给企业家带来巨大的压力；当付出与感召未能打通时，企业家就无法引领行业内具有影响力的人与自己共同改变行业的格局。

企业家的成长对企业的发展至关重要。即便企业的成长在短期内超越了企业家的成长，长期来看也会因为企业家个人修为不够而造成企业发展受挫或者衰落，这是德不配位的体现。

第二节　心智力的八卦模型

企业家的成长主要体现为心智力的修炼。上面结合企业不同的发展阶段，我们已经介绍了八项心智力。下面我们会对十一项心智力的另外三项核心心智力进行解读，并给心智力建立一个模型。

我们在对心智力研究的过程中，一直想用一个简单的模型将这十一项心智力清晰地表达出来。一个偶然的机会，我们发现运用中国古老的太极八卦图建模，竟然与十一项心智力所表达的内涵极其吻合。

企业家十一项心智力，其实就是企业家应对十一种不同环境的心智能量场。除了上面我们说过的八项心智力外，还有三点处于核心的心智力，它们分别是可能性、宽容与好奇。

核心心智力

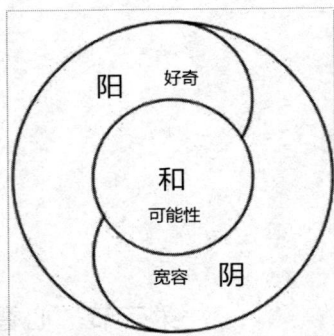

可能性对应的是企业家面对这个世界时的心智选择。只有这样的心智选择，才能创造，这是道生一的过程。宽容与好奇对应的是阴与阳，是应对过往与未知的心智选择。宽容是阴的一面，代表对过往的信念。好奇是阳的一面，代表对未知的信念，这是一生二的过程。

前述八项心智力则对应的是事物的不同发展状态。依据起因、过程与结果的确定性与不确定性，企业家对应不同的心智力能量场，理顺相关利益群体的对话，保证对话的统一性，商业范畴也就顺了，企业就会得到发展。这就是企业成长与企业家成长的奥秘，也是二生三，三生万物的过程。下面我们就先来讨论三项核心的心智力，然后对前述八项心智力进行总结。

第三节　三项核心心智力

一、可能性

可能性处于模型中心的位置，代表阴阳的平衡。可能性背后的信念是对世界的看法，也就是世界观。那什么是世界呢？中国古老的说法是宇宙。"宇"就是"界"代表空间，"宙"就是"世"代表时间，而可能性就是我们对所处的时空的看法。

二、宽容

宽容所在的模型位置是阴的一面，代表对过往的信念。宽容的真正含义不是宽恕别人的过错，也不是简单的"放过了自己，我才能高飞"，其真正的含义是不背负过往。宽容的最高境界是不让别人为自己背负过往。

《悲惨世界》中有这样一段故事：男主角冉·阿让因救妹妹的儿子而偷了一块面包，惹来了牢狱之灾，尽管因偷窃只用被判 5 年，但由于他不断试图越狱导致刑期加重到 19 年之多。虽然拥有了自由，却需要每隔一段时间向警察局报告，否则就会被抓回来。出狱后被歧视排挤孤立，仇恨与愤怒交织的冉·阿让偷走了收留他的主教的银器具，被警察又抓了回来，主教却称银器是他送给冉·阿让的，这救了冉·阿让一命。主教明白如果冉·阿让再次被抓回监狱，等待他的是什么。面对主教郑重地送他那柄最值钱的银烛台，冉·阿让默然不语，内心世界却完全颠覆，他决意与过去的自己决裂，努力做一个好人祈求上帝的宽恕。主教是冉·阿让的一次心理转折，让他带着爱与信仰获得重生，并成为传播爱的使者，这就是宽容。

中国古代也有一个类似的故事。春秋时期诸侯国战乱不断，楚庄王在一次大宴群臣时，宠姬嫔妃也统统出席助兴。席间丝竹声响，轻歌曼舞，美酒佳肴，觥筹交错，直到黄昏仍未尽兴。楚王乃命点烛夜宴，还特别叫最宠爱的两位美人许姬和麦姬轮流向文臣武将们敬酒，忽然一阵疾风吹过，筵席上的蜡烛都熄灭了。这时一位官员斗胆拉住了许姬的手，拉扯中许姬撕断衣袖得以挣脱，并且扯下了那人帽子上的缨带。许姬回到楚庄王面前告状，让楚王点亮蜡烛后查看众人的帽缨，以便找出刚才无礼之人。楚庄王听完却传令不要点燃蜡烛，而是大声说："寡人今日设宴，与诸位务要尽欢而散，现请诸位都去掉帽缨，以便更加尽兴饮酒。"

听楚庄王这样说，大家都把帽缨取下后才点上蜡烛，君臣尽兴而散。这就是历史上著名的"绝缨之宴"。几年后，楚庄王伐郑，一名战将主动率领部下先行开路，这员战将所到之处拼力死战大败敌军，直杀到郑国国都之前。战后，楚庄王论功行赏才知其名叫唐狡，唐狡表示不要赏赐，坦承几年前宴会上无礼之人就是自己，今日此举全为报当年不究之恩。

这就是不让别人背负过往，楚庄王与《悲惨世界》中的主教一样，都是具备宽容这一项心智力的人。

三、好奇

好奇所在的模型位置是阳的一面，代表对未知的信念。对未知的事物人们往往充满恐惧，恐惧是令人们畏缩不前的能量，好奇却是人类进步的动力。人类的很多发明创造都是为了满足好奇心。可以说，著名科学家都是具有好奇心的人。牛顿对一个苹果产生好奇，发现了万有引力；瓦特对烧水壶上冒出的蒸汽十分好奇，改良了蒸汽机；伽利略看吊灯摇晃十分好奇，发现了单摆……

　　剑桥大学的维特根斯坦是大哲学家穆尔的学生，有一天罗素问穆尔："谁是你最好的学生？"穆尔毫不犹豫地说："维特根斯坦。""为什么？""因为所有学生中，只有他听我课时老是露出迷茫的神色，而且总有问不完的问题。"

　　好奇让我们对未知保持探索的态度，虽然不能让我们战胜恐惧，但可以让我们拥抱着恐惧前行。好奇是探索的动力，有助于我们与探索对象保持合一的关系。当我们的内心对世界充满好奇时，这个世界才会在我们眼前得以呈现。

第四节　四象生八卦——八项心智力与君子八德

太极八卦图

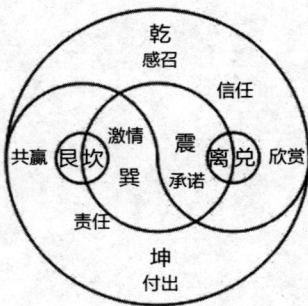

用这张太极八卦图，对应我们前面所讲的八项心智力，就更加清晰了。我们把八卦中的阴阳爻，由下至上理解为事物的起因、过程与发展，便可以呈现出事物的不同发展状态。依据事物的不同发展状态，我们就可以知道企业家以何种心智力应对。

一、付出

对应坤卦。当一个事物起因、过程、结果都处于确定状态时，我们心智力的能量场就是付出。我们对自己做这件事的自我对话，就是我做了一件该做的事情，这就是地势坤，君子以厚德载物。只有不断付出才能承载万物。

二、感召

对应乾卦。当一个事物起因、过程、结果都处于不确定的状态时，我们心智力的能量场就是感召。感召的本质就是接受未知的各种缘分。天行健，君子以自强不息，正代表了这项心智力所需的自强和生生不息的生命力。

三、激情

对应巽卦。当一个事物起因处于确定态，过程、结果都处于不确定的状态时，就是企业的创业状态，我们心智力的能量场就是激情。对某种体验具有偏执狂般的热爱，这就是风的能量，表示风无孔不入的特性，随风巽，君子以申命行事，表示只有真正活出自己的天赋使命，人才能活出激情。

四、承诺

对应震卦。当一个事物起因处于不确定态，过程、结果都处于确定的状态时，我们心智力的能量场就是承诺。起因上，我无法承诺这件事的发生，但在过程上我承诺付出 100% 的努力，在结果上我承诺我愿意为此付出代价。这就是震的能量，表示雷震动的特性，喻为行动。渐雷震，君子以恐惧修省。承诺是对成果的信念，只有行动才能获得成果，而一旦作出承诺，就要对自己的承诺怀有敬畏之心。

五、责任

对应坎卦。当一个事物起因和所要的结果处于确定态，过程处于不确定状态时，我们心智力的能量场就是责任。我知道我为什么做这件事，也知道我要的结果，但我不知道怎么做到。这时我的心智力就是扮演好自己的角色，这就是水的能量。善如水，君子以作事谋始。活出水的灵动性，遇障碍就以水的柔性化解，遇岩石就活出水滴石穿的韧性，遇干旱就把自己蒸发为气，化为云再化为雨最终归入大海。君子要领悟到做事的开始，要考虑如何做好，这正是责任的体现，责任是指人活出所扮演角色的能力。在活出角色的过程中，难免面对利益的冲突和人性的弱点，这时还能否坚定活出一个企业领导者的角色，不为私情，不谋私利，天下为公，这就是对领导者的考验。

六、信任

对应离卦。当一个事物起因与结果都处于不确定态时，也就是我知道人和人立场是不同的，我不知道他为什么愿意做这件事，也不知道他想要的结果是什么，但在过程中还要保持信任的能量，把事情交给他办并愿意为他的错误买单，并在过程中保持立场的灵活性，分辨人的不同状态，随时根据情况进行调整。这就是火同人，君子以类族辨物。君子要明白物以类聚人以群分的道理，明辨事物，求同存异。信任的背后是立场观，每个人的立场不同这是正常的，企业家首先要明白这个道理才能求同存异，将工作交托给立场不同的人，并透过他人达成成果。

七、共赢

对应艮卦。当一个事物起因与过程都已确定，结果无法确定时，我们心智力就要去到共赢。共赢是以资源的无限性为信念基础的，这就要求企业家与相关利益群体的统一对话。这时，商业范畴就顺了。而相关利益群体一定不止我和你，至少还有他，这就是你加我，让他赢出来的共赢思想。在这个过程中，多与少不是为分享胜利果实，而是为共同创造更大的价值。这就是艮山谦，君子以裒多益寡的真义。只有少数真正的企业家懂得共赢思维的含义。

八、欣赏

对应兑卦。当一个事物的起因与过程都处于不确定的状态，只能确定想要的结果时，我们的心智力就要保持欣赏。我们知道人与人之间是有差异的，不仅接受差异的存在，还要感恩差异让这个世界如此丰富多彩。这时，起因与过程就顺了，就能取得我们共同想要达成的结果。丽泽兑，君子以朋友讲习。这就是欣赏的心智力。如此才能以悦民之道引导大众前进，大众将不顾劳累而追随。悦民之道的伟大作用就在于大众因此而劝勉奋进，共济时艰。

第五节　企业成长与八卦卦辞

在十一项心智力中，宽容、好奇和可能性处于核心位置。宽容是对过往的信念，属于阴；好奇是对未知的探索，属于阳。另外八项心智力也具备阴阳的属性。

激情来自对天赋使命的认同，责任来自对角色的认知，共赢来自对资源的认识，这些都与过往有关，属于阴。而承诺、信任与欣赏，都涉及对未知的期许，属于阳。付出是对已经完成的事物的心态，属于阴。感召是面对所有未知的缘分，属于阳。按顺时针方向，我们可以看到四对心智力，正对应企业成长的四个阶段。

心智力八卦图

感召 乾 金 天一
信任
激情 巽
兑 欣赏
共赢 艮
坤 付出

天行健，君子以自强不息。
地势坤，君子以厚德载物。
随风巽，君子以申命行事。
洊雷震，君子以恐惧修省。

善如水，君子以作事谋始。
火同人，君子以类族辨物。
艮山谦，君子以裒多益寡。
丽泽兑，君子以朋友讲习。

　　第一对心智力：激情与承诺，是"爬"的阶段企业家最关键的两项修炼。雷厉风行必相薄，震为雷，巽为风。表达了企业在"爬"的阶段，快速顺畅的美好愿望。

　　第二对心智力：责任与信任，是"走"的阶段企业家最关键的两项修炼。水火相克不相射，坎为水，离为火。水火看似不相融，但从另一个角度看，正如日月相互轮转，各自运行不息，是再自然不过的现象。正如企业在"走"的阶段，建立健全了管理系统和盈利模式，各部门既相互配合，又有所制约，各自运转，是再自然不过的了。

　　第三对心智力：共赢与欣赏，是"跑"的阶段企业家最关键的两项修炼。山泽相连可通气，艮为山，兑为泽。企业在"跑"的阶段，资源平台的打造，竞争力、品牌力、复制力的建设，本质上都是气势的打造，而这一切都需要以企业家共赢与欣赏心智力的修炼作为根基。

　　第四对心智力：付出与感召，是"飞"的阶段企业家最关键的两项修炼。天地造化定乾坤，乾为天，坤为地。天地运作使万事万物得以生存繁衍。这是企业家修行的最高阶段，也是企业成长的总纲。企业成长无法超越企业家的成长，即便短期内超越，也会因德不配位而回到原点。这已经是被无数次证明的事实。

第六节　企业家修行的历程

一、修行的第一阶段：见自己

看不见自己的人，只能在生活的高山下负重而行。见自己就是能够接纳自我。"金无足赤，人无完人"，任何人都有自己的弊病和长处。见自己，不因优点而骄傲，不因缺点而自卑，既不虚荣自满、自我陶醉，又不认为自己无能无用而自我贬低。每个人都有他自身的禀赋，发挥出来了就能"见自己"。见自己之后，才能真正地做自己。做自己的人是不大在意世间的目光的，先面对真实的自己，然后决定自己如何作为。

这时，企业家才能活出天赋的使命，见自己的人才能活在激情中。

黄女士是一位国内顶尖的心灵智慧服务平台的创始人、资深的天使投资人，同时又是一位心灵导师和疗愈行者，更是一位将修行融入工作与生命的企业家，她是这样描绘"见自己"的历程的。

"每个人都有阴影面，就像我会不断地苛刻自己，都是属于阴影面。我给到自己的疗愈就是——我看到这些了没关系，是现阶段需要去学习经历的，看到并接纳它，不用否定和打压。换个角度我们来看光明和阴影，内在力量和智慧升起时，跳出二元论阴影它即不存在，或者说它的那部分还在那里，只是我们的心不会颠倒地去看，如此一来内心才会平和宁静，才是时刻淡然的。这得益于自身疗愈的能量，我们每个人内在都具备疗愈力。无论遇到什么，用真诚和爱去与现实世界平衡共处。"这就是一个企业家见自己的心灵感悟。

见自己就是察觉与接受。察是对外部世界的观察，觉是对自我世界的感知。察觉里也分三个层次：第一个层次叫察情绪。情绪是最容易察的。比如说人类紧张的时候，气血涌动，心跳加速。恐惧害怕的时候，浑身的毛孔就打开了。情绪是最容易察的，如果连情绪都没法察，这个人基本就处于自动化的状态，就只能活在宿命里。

第二个层次就是察念，就是察觉情绪是由你哪个念头产生的。比如你晚上看完一个恐怖片，睡觉的时候忽然听到家里的洗手间传来滴滴答答的声音，你的头脑就演绎了一个蒙太奇……恐惧情绪就产生了。这就是察念的过程。比察念更高深的境界就是察识，也是察的第三个层次。那是一个极其精微的察觉，一般人无法做到。

见自己仅有察觉还不行，还要有接受。通过察觉，我知道我的恐惧是从哪儿来的。可是，我还是会害怕，怎么办呢？我要克服，我要战胜恐惧，一有这个想法，就麻烦了，因为你已经把你的恐惧摆在了你的对立面。只有你不评判、不演绎、不克服，才会到接受。你知道自己的害怕，怕就怕吧，让那个怕与我在一起，拥抱着"怕"前行。这就是接受的状态。

这只是一个比较容易理解的例子。人不想接受的东西，远不止情绪。比如你会察觉到你的贪婪、自私、不懂珍惜、不知感恩、没有爱等，这些就构成了意识的阴影。面对阴影，我们很容易把这些异化出去，把这些变成指责和批判别人的手指。我们会发现：对一些人我们总是有很强烈的批判性，很能发现对方掩饰的缺点，并且一针见血，拳拳到肉。其实，那代表你遇见的就是一个未知的自己，你最不能接受对方的东西，就是你自己身上有的东西。这在心理学上称为投射。

这时怎么办呢？察觉与接受。察觉你异化出去的阴影是什么？然后，不评判地接受。当你全然接受自己时，你会发现自己变得越来越完整，爱就建立起来了。克里希那穆提讲过，对自己全然地接受之后，自由地行动就是爱。爱的本质既不是爱别人，也不是爱自己，而是成为爱。而你做的任何一件事都是一种爱的表达。这就是见自己的过程。

当然，一个人如果只懂得见自己，便会陷入自我为中心的误区，光看到自己而看不到其他的东西，便会作茧自缚，最终难免会害了自己。这时，就进入了修行的第二个阶段：见天地。

二、修行的第二阶段：见天地

见天的人知天高，天行健，君子以自强不息。见天的人，懂顺应缘分，懂每个因缘际会的来处，也懂每个因缘都是上天安排的礼物，所以不会以善与恶区分缘分，只是运用智慧不断发现、接纳与完善自己，让自己成为爱。见地的人懂地厚，地势坤，君子以厚德载物。见地的人，不断拓宽自己的边界，让自己逐渐融于身边的人、融于生活、融于人类、融于自然。融得越多，自己越大，逐渐变得顶天立地。见天地是从小我活出大我的过程。付出与感召的心智力就源于此。

谈到自己的企业时，黄女士说了这样一番话：一家公司，企业文化像是一种"阴性的力量"，代表着一种承载、包容。我在其中更多是扮演"阳性的力量"，去开创，去感召，去带领。另一方面，作为一个商业化的公司，企业本身也需要具备"阳性的力量"，有责任，有创造，这时我又要具备"阴性的力量"，去听从内心的指引，如何更好地把价值观和节奏感带起来。我会比较坚持做一家有生命力的企业，如同匠人一样不断打磨，在这个过程中尊重人和尊重道的价值观、服务、理念和商业模式，让企业自身能良性循环起来。女性创业者确实会面临更多的质疑和误解，有更多的压力。另外，在管理方面，女性创业者柔软度会更宽，威严感就不够。也正因为她的柔软度更宽，可以承载更多有能量的人，给大家舞台和创造力的自由，基于共同的信仰去创造一家企业，凝聚力和爆发力本身就是一种更强的力量。

这便是见天地的力量。

见天地的修行方法就是不断升维的过程。

随着升维，自己的边界就会不断打开，爱的力量就会彰显，融合度就会越来越高，也就活出了付出与感召的心智力，小我就会不断变成大我。这就是企业家成长见天地的过程。

三、修行的第三阶段：见众生

见众生的人，已经不是融化，而是溶化。溶于众生，溶于自然，溶得无处可寻，越溶自己越小，从顶天立地溶到不着痕迹。见众生之后，才能知进退。人活在天地之间，一进一退，必然要看清前后，看清自己的进会不会挡了别人的路，自己的退是不是踩了他人的脚。见众生是一种慈悲的觉悟，对世人报以体谅与悲悯，对世道人伦多一分看破与接纳。见众生是一个从大我到无我的历程，可能性的心智力来自于此。

见众生的修行方法，就是把自己溶化于无形。如何溶化呢？就是与对方在一起。我们训练顾问时，特别强调顾问是企业家的辅佐者，没有顾问的利益，只有客户企业的利益。新手顾问谈客户时，一谈到客户成交心里就会紧张害怕，为什么呢？因为有自己，你把自己当作一方，把客户当作另一方。这时，你就与客户站到对立面了。这就是没有溶合的体现，就容易制造冲突与对立。

我们以辅佐者的角色与我们辅佐的企业永远站在一起，我们不是博弈的双方，而是合作的伙伴，我们在一起合作的唯一理由是共同创造更大的价值。在这个过程中，我们完全溶于辅导的企业，始终建立共赢，而不是建立对立。这就是从大我到无我的修行过程，也是见众生的修行过程。有个词语"仁者无敌"，我们更愿意从一个全新的角度，对这一词语进行解读。真正的仁者是把自己溶于对方，双方合二为一。所以，仁者根本就没有敌人，因为已经达到了无我的状态，溶化于众生的角色之中了。

补充阅读：《华山论剑之一点红》

本章的补充阅读，我选择了之前写过的一篇短篇小说。我用武侠小说的感觉和形式，写了个人修行的一些感悟与体会，在此分享给各位读者朋友。

华山之巅，初冬凌晨，冷风呼啸，吹得松树上的雪花簌簌而下。树下，站着两个精壮男子。此时此地，有人在场，一定会觉得这是两位老友相聚，闲话家常。而多年以后，江湖上有许多这一场生死对决的传说！

高手对决从来都似闲庭信步。青衣男子刀条脸，浓眉大眼，留着络腮胡须，左手持一杆长枪，红色的枪缨在皑皑白雪的映衬下，格外耀眼。此时，他正望着东方破晓的鱼肚白，喃喃说道："天快亮了！"

白衣男子微微点点头，应声道："是呀！"

"来吧。"青衣男子将手中的长枪一提一挑，枪缨唰的一声，看似平淡的招数竟卷起了地上的一道雪花。内功已至化境！

白衣男子只是微微皱了皱眉，眼睛依然望着东方的地平线，淡淡地说："华山的日出很美，你难道不想看看？"顿了顿后继续道，"这也许是你看到的最后一个日出！"

青衣男子咧嘴一笑："我饿了，杀了你好去吃早点！"白衣男子瞟了他一眼，说道："你就那么想杀我？"

青衣男子叹了一口气："其实我一点儿都不想杀你，可是杀了你，我就是天下第一！"

白衣男子转身面向青衣男子："天下第一真的那么重要吗？我宁愿

将这虚名送与阁下！"

青衣男子似乎被激怒了："想我先祖创下这叶家枪法，岂是浪得虚名！这天下第一自然是争回来的，何用人送？"

"唉！"白衣男子长叹一声，这句话更像自言自语，"我只是想五湖四海、天下一家，就这么难吗？"

青衣男子朗声答道："可惜，文无第一、武无第二！你号称一本刀出必见血，今天我倒要领教是你的刀快，还是我的枪快？"一本道人，正是白衣男子在江湖上的雅号。

深蓝色的天空仿佛压在头顶，寒冷的风吹起了青衣男子的头发，发梢仿佛触着了天际。天渐渐变白，熹微的阳光穿过稀薄的云层，晕染出片片红霞。白衣男子抬头望了望深蓝色的天空，喃喃道："人是渺小的，与这浩瀚的宇宙相比，人的生命是多么脆弱与短暂。当你有一天学会与这无垠的宇宙对话时，你会发现资源原本是无限的，我们可以一起创造更多！难道真的有必要为了一点虚名和野心，抛却宝贵的生命吗？"

青衣男子有些不耐烦地说道："你说的我不懂，我只知道，杀了你我就是天下最快！天下武功，唯快不破。"他呼出的哈气，已经在络腮胡须上结成了白色的霜花。

"所谓快与慢只不过是一种幻象罢了！天下最快的就是这华山日出的霞光，可惜你身在华山，却已经看不到这种美了！"

"别说废话了。"青衣男子用手拂去胡须上的霜花，沉声说道，"亮刀吧！"

白衣男子慢慢举起左手，他的手上有一把刀，刀还在鞘中。黑色的刀鞘在朝霞的映衬下泛出青灰色的光。

"你知道刀为何要有鞘吗？"

这是一个不着边际的问题，青衣男子不禁一愣。白衣男子微微一笑，也不等对方的答案，自问自答道："刀之意，不在杀，而在藏！"

"找死！"青衣男子从牙缝里挤出两个字，与此同时，手中枪一抖向前刺出。随着枪的刺出，砰的一声，枪缨宛如车轮大小，瞬间枪头竟幻化出九个。正是叶家枪法中的精妙招法——九凤还巢！

白衣男子刀仍未出鞘，只是左手一挽，黑色的刀鞘便在身前旋转起来，如同一面盾牌。同时，身体向后退去。青衣男子一招抢占先机，当然不放松，脚下一紧，步步紧逼，逼得白衣男子步步后退。此时，白衣男子再想拔刀，已是比登天还难！华山之巅，只听得一阵金铁交鸣之声。红色的枪缨、黑色的刀鞘与卷起的白色雪雾，浑然一体！峰峦起伏，巨石嶙峋，青松挺立，山林如黛，一青一白两条人影，在皑皑白雪中若隐若现。这是天地人三才之笔，豪情挥洒，或大胆泼墨，或细细勾画，写意的山水与生死的对决，竟相映成趣！

此时，白衣男子已经无路可退。他的身后是万丈深渊、悬崖绝壁，右边是一块完整的巨型岩石，直立如刀削，霞光映照在乳白的花岗岩上，宛如轻轻披上了一层微泛金黄的丝绸，只有左边有一条勉强可以踏上一只脚的狭窄通道。这当然难不住白衣男子，他右脚在身后向左落步，身体如陀螺般旋转起来，向左退去。正是江湖上几近失传的轻功绝技——换影移形！

"你上当了！"青衣男子长啸一声，这正是他等待的绝佳机会。只见青衣男子身体左旋，人一下子矮了半个身体，旋坐在地上。同时，枪随身转，从身左向上刺出，正是白衣男子躲避的方位。青衣男子明白对手已避无可避，这是他最后的一招，所以出招时用尽全力，务求一招制敌。这攻中带守，就是对手想要拼个鱼死网破、同归于尽，也会因自己身法的突然变化而落空，何况对手根本没有拔刀的机会。

只听"咻"的一声，枪尖已经触到了白衣男子的胸膛。叶家枪的夺命杀招——回马枪，果然威力惊人。然而，青衣男子马上意识到他的枪尖触到的并不是白衣男子的胸膛，而是挡在胸膛前的黑色刀鞘。青衣男子立即沉腕发力，枪尖立马向前暴涨了半个枪头。白衣男子借着一挡之力，身体向左旋开，黑色刀鞘随着枪尖的暴涨向前飞出，画出一条青灰色的弧线，坠落于身后的万丈深渊！

白衣男子身体旋式未停，掌中刀由下向上撩，画出一道白线。此时，一轮红日喷薄而出，红色的霞光映照在白色的刀影中，化为一道彩虹，掠过天际。青衣男子眼前一闪，在刀影的映照中，他看到了对面空寂的山，微微幽蓝的天空下，那座高耸的山峰后面，是正冉冉升起的殷红的太阳！这一瞬间就是永恒！他不禁低语道："好美的日出呀！"

此刻，青衣男子的脑海中浮现出一个女人的身影，他一下子想不起她的名字。美好的人，也许不会那么难遇到；难遇到的，是那些美好的，并且深爱我们的人。因为他们愿意深爱我们，我们才得以享有、体会，从而理解他们全部的、巨细靡遗的、难以为外人所知的美好。更重要的是，在那难得的相遇中，我们也会把原本不太美好的自己，变得更加美好。如果人生中，有这样美好的缘分，就是需要我们格外珍惜的。瞬间，青衣男子觉得自己为了天下第一的名分，为了自己的野心，失去的太多太多了。一滴泪顺着他的腮边滚落，内心升起了一阵柔柔的暖意，这将是他在这个世上的最后感受！

白衣男子望着自己的刀尖，刀尖上有一滴殷红色的鲜血，在朝霞之下，宛如一颗红宝石般熠熠生辉，不禁叹声道："世人只知道一本刀出必见血，有几人能知刀背后的道呢？"白衣男子随手一甩，将红色的血滴甩在地上，不再理会青衣人向前扑倒的尸体，头也不回地向前走去。几个起落，就消失在蜿蜒的山谷、险峻的山峰、陡峭的绝壁之间。

良久，地上的青衣人手指突然轻轻动了一下。他的伤口在双眉间的印堂穴，刀口若再深半分，必死无疑。他缓缓支撑起身体，不知道是自己命大，还是白衣人手下留情。这时，他看到了地上的一滴血。那是他的血，被白衣男子甩到了雪地上，此时的血滴已经在雪地上慢慢散开，在殷红的血色中间，清晰地呈现出三个小字：非 - 常 - 道。

青衣男子愣愣地坐在地上，良久，放声大哭起来。那哭声感天动地，在华山之巅回荡……

本章精髓

1. 三条生死线：

（1）生命线。

（2）瓶颈线。

（3）先行线。

2. 可能性对应的是企业家面对这个世界时的心智选择。

只有这样的心智选择，才能创造，这是道生一的过程。

3. 宽容与好奇对应的是阴与阳，是应对过往与未知的心智选择。

宽容是阴的一面，代表对过往的信念。好奇是阳的一面，代表对未知的信念。这是一生二的过程。

4. 八项心智力对应的是事物的不同发展状态。

依据起因、过程与结果的确定性与不确定性，企业家对应不同的心智能量场，理顺相关利益群体的对话，保证对话的统一性，商业范畴也就顺了，企业就会得到发展。这就是企业成长与企业家成长的奥秘，也是二生三，三生万物的过程。

5. 宽容的真正含义是不背负过往，宽容的最高境界是不让别人为自己背负过往。

6. 好奇让我们对未知保持探索的态度，好奇虽然不能让我们战胜恐惧，却可以让我们拥抱着恐惧前行。

7. 企业家修行的三个阶段：

（1）第一阶段：见自己。见自己，就是能够接纳自我，不因优点而骄傲，不因缺点而自卑。

（2）第二阶段：见天地。见天的人知天高，天行健，君子以自强不息。见天的人，懂顺应缘分，懂每个因缘际会的来处，并运用智慧不断发现、接纳与完善自己，让自己成为爱。见地的人懂地厚，地势坤，君子以厚德载物。见地的人，不断拓宽自己的边界，融于生活、融于人类、融于自然。融得越多，自己越大，逐渐变得顶天立地。见天地是从小我活出大我的过程。

（3）第三阶段：见众生。见众生的人，已经不是融化，而是溶化。溶于众生，溶于自然，溶得无处可寻，越溶自己越小，从顶天立地溶到不着痕迹。见众生之后，才能知进退。看清自己的进会不会挡了别人的路，自己的退是不是踩了他人的脚。见众生是一种慈悲的觉悟，是一个从大我到无我的历程。

跋

我一直没有办法给我写的书定性。内容上，它既包含了企业成长的规律，又包含了企业家成长的规律，或者说既写了事又写了人。这完全属于两个不同的领域。来源上，它既包含了我们对前人理论研究成果的总结，又有我们调整企业的实践经验，或者说这是理论与实践的结合。实践方面，既包含了我们调整和辅导企业的工作实践，又包含了我个人修行与成长的感悟与体会。这又是两个完全不同的实践方向。案例的选取上，既包含了我们辅导企业的真实案例，又选取了历史上相关的故事和史实，以及我对中国古代哲学的理解与感悟。这又是现实与虚构的融合，东方与西方的融合。写作风格上，既有科学的严谨，又有文学的浪漫，也不乏哲学的思辨。但不管怎样，我们想要揭示的是企业成长与企业家成长的关联性及其各自的规律。上述的一切都是为这一目的服务的。

本书到底要解决什么样的问题呢？

第一，打通企业家的成长与企业成长的必然联系。企业家个人的成长会带来企业的成长，似乎是一个毋庸置疑的结论。但正是由于这种毋庸置疑，才带来很多人的不求甚解。企业家成长与企业成长之间的逻辑链条是什么样的？企业家成长在哪些方面，是通过什么样的方式产生企业成长的结果的？这些都是需要我们思考并且连通的地方。只有真正搞通了这些地方，我们才不会在企业家个人成长与企业成长之间徘徊和纠结，才会真正地为企业家成长提供合理的路径，同时为企业的成长提供有效的落点。

第二，为企业家个人修行提供指导。时下企业家个人的修行，几乎成为一种时尚。一方面，这毫无疑问会带来人们对个人修为与成长的关注。另一方面，也容易造成个人修行的表面化、浮躁化，甚至商业化。企业家个人成长说到底还是自己的事，每个人选择的方式和所走的路不同，路上看到的风景自然也就不同。

如果修行的感悟结果，无法应用于我们日常的工作生活，就是不接地气的。这些修行如何落实于企业的日常工作呢？随着企业的成长，企业家成长的有效路径是什么样的呢？这些都是需要在企业成长与企业家成长之中搞清楚的问题。

第三，企业成长的落点与商业的本质。如果说企业家修行是一个"动于九天之上"的问题，企业成长就是一个"藏于九地之下"的问题。企业成长分为几个阶段？每个阶段需要做什么样的事情？什么是企业家的工作重点？什么是不同阶段企业家的思维基点？不同阶段系统建设的重点是什么？对于同类的工作，不同的阶段呈现怎样不同的特点？这些都是需要企业在成长中搞清楚的。当搞清楚这些时，我们就知道了成长落点，进而就可以悟通商业的规律与本质，以达到君子务本，本立而道生的境界。企业成长与企业家成长的结合，是我们调整与辅佐一家企业产生结果的底层逻辑，本书的写作目的正是要揭示其中的规律。

本书成书过程中，得到过很多人无私的支持与帮助，尤其需要感谢企业成长与企业家成长这一底层逻辑的共同研发人关天皓老师，以及我的工作搭档与伙伴程阳月女士，还有为本书提供案例的企业家朋友，以及领导力实践专家薛老师、专栏作家 Ella 小姐、校园礼品店创始人齐文佳女士，没有他们的无私奉献，本书很难呈现在读者面前。此外，王丽华女士和姜海武律师在本书校对工作方面给予了大力协助。另外，书中还引述了很多前人的理论成果以及不同行业精英的智慧结晶，我尽我所能标明了引述的出处，同时还有一些无法考证。我们衷心感谢这些因此而结缘的朋友们。

　　本书成稿之日，恰逢新型冠状病毒肆虐之时，这一个独处安宁的假期。愿每个人都能在身边的每个缘分中，发现正向的意义，活出生命中更多更大的可能性，去创造自己想要的成果，无论是身体的健康、个人的成长、家庭的幸福，还是企业的发展、社会的欣欣向荣。真心希望本书能为此尽一份微薄之力，这也是出版本书的初心。

　　最后把一句话献给读者，与各位朋友共勉：不忘初心，方得始终。

一本

2021 年 10 月 6 日

参考文献

1.（美）吉姆·柯林斯.从优秀到卓越 [M].俞利军，译.北京：中信出版社，2006

2.（美）伊查克·爱迪思.企业生命周期 [M].王玥，译.北京：中国人民大学出版社，2017

3.（美）彼得·德鲁克.卓有成效的管理者 [M].许是祥，译.北京：机械工业出版社，2009

4.（美）彼得·德鲁克.管理的实践 [M].齐若兰，译.北京：机械工业出版社，2009

5.（美）彼得·德鲁克.管理：使命、责任、实务 [M].王永贵，译.北京：机械工业出版社，2011

6.（美）菲利普·科特勒，（美）加里·阿姆斯特朗.市场营销原理 [M].郭国庆，译.北京：清华大学出版社，2013

7.（美）迈克尔·波特.竞争战略 [M].陈小悦，译.北京：华夏出版社，

2005

8. 魏炜，朱武祥 . 重构商业模式 [M]. 北京：机械工业出版社，2010

9. （美）盖瑞·祖卡夫 . 心智力 [M]. 郑军荣，袁伟，译 . 海口：海南出版社，2013

10. （日）东野圭吾 . 解忧杂货店 [M]. 李盈春，译 . 海口：南海出版公司，2014

11. （美）安托尼特·D.露西亚，（美）理查兹·莱普辛格 . 胜任 [M]. 郭玉广，译 . 北京：北京大学出版社，2004

12. （瑞士）亚历山大·奥斯特瓦德，（比利时）伊夫·皮尼厄 . 商业模式新生代 [M]. 王帅，毛心宇，严威，译 . 北京：机械工业出版社，2011

13. （美）肯·威尔伯 . 意识光谱 [M]. 苏建，杜伟华，译 . 沈阳：万

14. （美）肯·威尔伯 . 万物简史 [M]. 许金声等，译 . 北京：中国人民大学出版社，2006

15. （英）史蒂芬·霍金 . 时间简史 [M]. 许明贤，吴忠超，译 . 长沙：湖南科学技术出版社，2014

16. （英）史蒂芬·霍金 . 果壳中的宇宙 [M]. 吴忠超，译 . 长沙：湖南科学技术出版社，2014

17. （英）史蒂芬·霍金 . 宇宙简史 [M]. 郑亦明，葛凯乐，译 . 长沙：湖南少年儿童出版社，2015

18. （美）加来道雄 . 超越时空 [M]. 刘玉玺，曹志良，译 . 上海：上海世纪出版集团，2009

19. （英）布莱恩·克莱格 . 量子纠缠 [M]. 刘先珍，译 . 重庆：重庆出版社，2018

20. （美）加来道雄 . 平行宇宙 [M]. 伍义生，包新周，译 . 重庆：重庆出版社，2014

21. （日）大栗博司 . 超弦理论 [M]. 逸宁，译 . 北京：人民邮电出版社，

2015

22.（日）大栗博司.引力是什么[M].逸宁，译.北京：人民邮电出版社，2015

23.（美）罗伯特·清崎，（美）莎伦·莱希特.富爸爸 穷爸爸[M].萧明，译.海口：南海出版公司，2011

24.（印度）克里希那穆提.爱的觉醒[M].胡因梦等，译.深圳：深圳报业集团出版社，2006

25.（印度）克里希那穆提，（美）大卫·博姆.超越时空[M].胡因梦，译.北京：中国长安出版社，2011

26.（美）埃里克·莱斯.精益创业[M].吴彤，译.北京：中信出版社，2012

27.（美）彼得·蒂尔（美）译.北京：中信出版社，2015

28.（美）埃里克·施密特，（美）乔纳森·罗森伯格，（美）艾伦·伊戈尔.重新定义公司[M].靳婷婷，译.北京：中信出版社，2015

29.（日）三矢裕，（日）谷武幸，（日）加护野忠男.稻盛和夫的实学：阿米巴模式[M].刘建英，译.北京：东方出版社，2013

30.（美）彼得·圣吉.第五项修炼[M].郭进隆，译.上海：上海三联书店，1998

31.（美）郭士纳.谁说大象不能跳舞[M].张秀琴，音正权，译.北京：中信出版社，2015

32.（美）布莱恩·格林.隐藏的现实[M].李剑龙，权伟龙，田苗，译.北京：人民邮电出版社，2021